ARCHÄOLOGIE
ERLEBEN

Archäologie erleben

Ausflüge zu Eiszeitjägern, Römerlagern und Slawenburgen

Herausgegeben von

Anita Pomper, Rainer Redies und André Wais

Theiss

Bibliografische Information Der Deutschen Bibliothek

Die Deutsche Bibliothek verzeichnet diese Publikation
in der Deutschen Nationalbibliografie;
detaillierte bibliografische Daten sind im Internet über
http://dnb.ddb.de abrufbar.

Produktion: Verlagsbüro Wais & Partner, Stuttgart
Gestaltung: Sonny Haile und Rainer Maucher, Stuttgart
Reproduktion: Digital Data Service Lenhard, Stuttgart
Druck und Bindung: Druckhaus Beltz, Hemsbach
Printed in Germany
ISBN 3-8062-1858-7

Vorwort

Unterwegs in die Vergangenheit

Seit 20 Jahren informiert die ARCHÄOLOGIE IN DEUTSCHLAND (AID) ihre Leser über alles, was sich bei Grabungen und in der archäologischen Forschung tut. Dieses Jubiläum war Anlass und auch ein wenig Verpflichtung für einen Führer, der einige der interessantesten archäologischen Stätten Deutschlands vorstellt. Dabei handelt es sich in erster Linie um Freilichtmuseen mit Rekonstruktionen, aber auch bedeutende archäologische Bodendenkmäler und Einzelobjekte, die meist durch Rundgänge oder Wanderungen erschlossen werden. 38 detailliert beschriebene Ziele, an denen unsere Geschichte von der Steinzeit bis ins hohe Mittelalter anschaulich und lebendig wird.

Was die Vorgeschichtsforschung mit Akribie und großer Methodenvielfalt anhand manchmal ganz unscheinbarer Indizien dem Vergessen und dem Dunkel der Geschichte entrissen hat, wird an diesen Stätten augenscheinlich. Vielfach ist heute unser Wissen so fundiert und detailreich, dass die Entwicklung der Spezies Mensch, das Werden und Vergehen ganzer Völker, die Entwicklung von Religion und Kunst, von Handel und Handwerk, von Kleidung und Ernährung, ja sogar Einzelschicksale nachvollzogen und dargestellt werden können.

Freuen Sie sich also auf spannende „Expeditionen" in die Vergangenheit zu stummen, aber dennoch beredten Zeugen unserer frühen Geschichte, und kommen Sie mit zu Eiszeitjägern, keltischen Fürstensitzen, wikingerzeitlichen Handelsplätzen, Römerstädten oder mittelalterlichen Pfalzburgen. Jeder dieser 38 „geschichtsträchtigen" Orte hat seine eigene Faszination und ist eine Reise wert.

Die Herausgeber

Schleswig
Albersdorf
Groß Raden
Hitzacker
Berlin
Kalkriese
Klein Köris
Oerlinghausen
Raddusch
Xanten
Tilleda
Mettmann
Westgreußen
Diesbar-Seußlitz
Niederdorla
Köln
Oybin
Haarhausen
Glauburg
Bad Homburg
Ingelheim
Mainz
Trier
Bad Windsheim
Homburg-Schwarzenacker
Reinheim
F-Bliesbruck
Eberdingen-Hochdorf
Jagsthausen
Aalen
Ringelai
Hechingen-Stein
Bad Buchau
Herbertingen-Hundersingen
Heitersheim
Badenweiler
Unteruhldingen
Kempten
CH-Augst

Inhalt

Grenzposten des Imperiums

Kommt eigentlich Aalen von Ala? Geht der Name der heutigen Stadt direkt auf die Ala II Flavia zurück, die mit ihren 1000 Reitersoldaten zwischen 160 und 250 n. Chr. in Aalen stationiert war? Gibt es demnach so etwas wie Kontinuität zwischen der Römerzeit am Ort und der späteren Stadtentwicklung? – Diese Fragen stellen sich viele Besucher des Limesmuseums in Aalen, wo man der antiken Vergangenheit auch heute noch hautnah begegnen kann.

Auch wenn die Antwort mit einem klaren Nein – Aber! zunächst ernüchtert – der Name Aalen geht wohl auf das Flüsschen Aal zurück, das durch die Stadt fließt, und Spuren einer historischen Kontinuität von der Römerzeit bis ins Mittelalter gibt es bislang nicht. Trotzdem sind die Römer in kaum einer anderen Stadt am Limes heute so präsent wie in Aalen. Dabei ist das Limesmuseum ein Zentrum der musealen Vermittlungsarbeit am Limes. Tag für Tag kann der Besucher hier in die Römerzeit eintauchen. Endgültig in römischer Hand ist Aalen jedoch, wenn alle zwei Jahre die Internationalen Römertage stattfinden, zu denen wie vor 1800 Jahren römische Soldaten aus ganz Europa nach Aalen kommen und dabei jeweils von etwa 15 000 Besuchern begrüßt werden. Das Limesmuseum ist somit aus dem Kultur- und Touristikprogramm der Stadt Aalen nicht mehr wegzudenken.

Modell eines Limeswachtturms.

VOM LEBEN IN DER GRENZREGION

Das Museum liegt direkt auf der ehemaligen Hauptstraße des mit 6 ha größten Reiterkastells am Limes. Heute ist der Zentralbereich des Lagers ein Archäologischer Park, der direkt mit dem Museum verbunden ist.

Neben Funden und Befunden aus dem Lagerkomplex erwartet den Museumsbesucher ein breites Spektrum historischer und archäologischer Themenbereiche, von der religiös untermauerten Herrschaftsideologie der Kaiser, über Befehlsstrukturen, Gliederung und Bewaffnung der Armee bis hin zu Funktion und Aussehen des Limes mit Kastellen und Wachttürmen. Wie das zivile Leben

Luftbild des zentralen Kastellareals mit dem Limesmuseum (vorne) und den restaurierten Grundmauern des Stabsgebäudes (hinten).

direkt am Limes durch das Militär geprägt war, zeigt ein Blick auf die Infrastruktur der Region sowie auf die Lebensumstände in den Kastelldörfern und Gutshöfen.

ORIGINALE IM MITTELPUNKT

Im Mittelpunkt der Präsentation stehen Originalfunde, die im Laufe von etwa 150 Jahren Limesforschung auf dem Gebiet des heutigen Baden-Württemberg geborgen werden konnten. Darunter Reste von Kaiserstatuen, viele Waffen, Teile von Paraderüstungen, ein Pferdeskelett aus dem Aalener Kastell und so einmalige Funde wie die etwa 50 Lederschuhe aus Welzheim oder die spektakulären Bronzedepots aus Rainau-Buch. Zahlreiche Weihesteine belegen mit ihren Inschriften die Allgegenwärtigkeit der Religion und der Person des Kaisers im Leben der damaligen Menschen sowie die Bedeutung der Schrift in der römischen Kultur. Großformatige Bilder, Texte, Pläne und Karten erläutern die Objekte und Themen. Zitate römischer Autoren sowie Ausschnitte von den detailgetreuen Reliefs der Traianssäule in Rom, gestatten zudem einen zeitgenössischen Blick auf die einzelnen Bereiche. Besondere Beachtung finden vor allem bei Kindern und Jugendlichen die gezeigten Modelle, vom originalgetreu nachgebauten Limeswachtturm bis zum etwa 6 m langen Zinnfigurendiorama.

MUSEUM UND FREIGELÄNDE – EINE GLÜCKLICHE EINHEIT SEIT 40 JAHREN

Das Limesmuseum verbindet durch seine Lage auf dem ehemaligen Kastellgelände in nahezu idealer Weise die Darstellung der Römerzeit am Limes mit dem historischen Ort des Geschehens. Begonnen hat alles 1962, damals fiel der Beschluss zum

Gesichtshelm eines Reitersoldaten aus Gräfenhausen, 3. Jh. n. Chr.

Weltkulturerbe Limes

Der obergermanisch-raetische Limes bildete im 2. und 3. Jh. n. Chr. auf 550 km Länge zwischen Rhein und Donau die Grenze des Römischen Reiches zum freien Germanien. In ca. 120 Kastellen und 900 Wachttürmen waren hier etwa 30 000 Soldaten stationiert.
Trotz dieser übermächtigen militärischen Präsenz war der Limes jedoch im Laufe seiner Geschichte weniger eine Grenzlinie mit permanenten militärischen Konfrontationen, sondern eher eine Kultur- bzw. Reichtumsgrenze. Die Soldaten sollten hier in erster Linie den Verkehr von Menschen und Waren kontrollieren und grenznahe Plünderungen verhindern.
Die touristische Bedeutung des Limes wird heute durch den 1996 gegründeten Verein Deutsche Limesstraße gefördert, dem fast alle Gemeinden entlang der 550 km langen Strecke zwischen Rhein und Donau angehören und der in Aalen seine Geschäftsstelle hat.
Um auch den Schutz des Bodendenkmals Limes weiter zu verbessern, haben die Landesdenkmalämter in Rheinland-Pfalz, Hessen, Baden-Württemberg und Bayern gemeinsam bei der UNESCO einen Antrag eingereicht, den Limes als Weltkulturerbe einzutragen.

Neubau eines zentralen Limesmuseums in Aalen. Nach Ausgrabung und Restaurierung des linken Lagertores, durch das der Besucher auch heute noch das Museum betritt, wurde 1964 das Limesmuseum als Zweigstelle des Württembergischen Landesmuseums eröffnet. Von 1979–1981 erfolgte dann eine umfassende Erweiterung. Parallel dazu untersuchte das Landesdenkmalamt bis 1986 das etwa 60 m breite Stabsgebäude. Seine eindrucksvollen Mauerreste können heute hinter dem Museum besichtigt werden. Einen Abstecher lohnt auch die St. Johann-Kirche des benachbarten Friedhofs. Sie wurde im 13. Jh. zum Teil mit Spolien des Reiterkastells errichtet. 1998 konnten neben der Kirche Gebäudereste von Vorgängerbauten untersucht werden, die bis in das 7./8. Jh. zurückreichen. Möglicherweise handelt es sich bei dieser „Urzelle" des heutigen Aalen um eine frühe Klostergründung oder einen Herrenhof. Das bislang letzte Zeugnis der Vergangenheit gab der historische Boden, auf dem sich das Museum befindet, 1999/2000 im Zuge der Museumserweiterung frei: In der Baugrube vor der Hauptfront stieß man auf einen etwa 8 m tiefen Steinbrunnen, der heute im Foyer des Museums besichtigt werden kann.

Keramik aus der Töpferei von Waiblingen, 2.–3. Jh. n. Chr.

Blick in die Ausstellung im Obergeschoss.

... UND DIE ZUKUNFT?

Es gehört zu den Besonderheiten des Limesmuseums, dass alle Beteiligten sich seit der Gründung vor 40 Jahren bemühen, den Museumsstandort entsprechend den aktuellen Anforderungen weiterzuentwickeln. Seit dem Jahr 2003 ist das Limesmuseum ein Zweigmuseum des Archäologischen Landesmuseums Baden-Württemberg. Bis zum Sommer 2005 soll das Museum nochmals erweitert werden, um vor allem der erlebnisorientierten Präsentation des Aalener Kastells mit seinen Gebäuden und dem Alltag der damals hier lebenden Menschen einen breiteren Raum zu geben. Gleichzeitig wird das Freigelände eingezäunt und als Archäologischer Park direkt mit dem Museum verbunden.

Info

Limesmuseum Aalen | St.-Johann-Straße 5
73430 Aalen
tel 07361|961819 | fax 07361|961839
limesmuseum.aalen@t-online.de | www.aalen.de

Öffnungszeiten
Di bis So 10–12 und 13–17 Uhr
1. Jan. und 24., 25., 31. Dez. geschlossen

Führungen
Dauer etwa 1 Std.

Anreise
- Mit dem Auto über die A7 oder die B19 und B29. In Aalen ist das Museum sehr gut ausgeschildert.
- Mit der Bahn: Bahnhof Aalen mit IC-Anschluss, von dort 15 Minuten Fußweg zum Museum durch die Aalener Altstadt.

Besondere Angebote
- Kinder ab 7 Jahren können ihren Geburtstag im Museum feiern. Während des zweistündigen Programms wird die Gruppe (max. 12 Kinder) spielerisch in das Thema „Römer am Limes“ eingeführt.
- Tagesexkursionen am Limes in Verbindung mit dem Touristikservice Aalen.
- Führungen und Aktionen im Freilichtmuseum Rainau-Buch

Termine für alle Angebote nach telefonischer Absprache.

Museumspädagogische Aktion im Limesmuseum.

Soldaten der Römergruppe „Legio VIII Augusta“ mit rekonstruierten Waffen und Ausrüstungsteilen bei den Internationalen Römertagen.

Albersdorf: Archäologisch-Ökologisches Zentrum (AÖZA)

Reise in die Jungsteinzeit

An nur wenigen Orten in Deutschland haben sich Großsteingräber, Langbetten und Grabhügel in so konzentrierter Form erhalten wie in Westholsteins „Quadratmeile der Archäologie". Hier kann man sich auf gut ausgebauten Wegen in ferne Zeiten versetzen und beim Besuch des archäologisch-ökologischen Zentrums Albersdorf, einem 40 Hektar großen Freigelände, beobachten, wie eine halb offene Weidelandschaft der Jungsteinzeit neu entsteht.

Die Region um Albersdorf an der schleswig-holsteinischen Nordseeküste im Kreis Dithmarschen wird oft als „klassische Quadratmeile der Archäologie Westholsteins" bezeichnet, denn im Gemeindebereich liegen über 40 obertägig sichtbare Bodendenkmäler. Der Grund für ihre überwiegend gute Erhaltung ist in den ausgedehnten alten Heide- und vor allem Waldgebieten zu suchen, die in Dithmarschen durch die „Holzschulordnungen" des 17. Jh. zumindest auf einzelnen Flächen schon früh vor Übernutzung bzw. Raubbau geschützt waren.

Zu den auch überregional bekannten Denkmälern gehört der „Brutkamp", ein polygonaler Großdolmen mit einem einzigen, riesigen Deckstein. Dieser hat einen Umfang von knapp 10 Metern und wiegt etwa 23 Tonnen – damit ist er der größte seiner Art in Schleswig-Holstein. Das für die archäologische Forschung bedeutende Albersdorfer „Erdwerk", 1992 mithilfe von Luftbildern entdeckt, liegt ca. 2 km weiter im Südwesten auf der Flur Diecksknöll. Die monumentale Wall-Graben-Anlage aus der frühen Trichterbecherzeit ist rund und hat einen Durchmesser von etwa 180 m. Heute wird allgemein davon ausgegangen, dass solche Anlagen eine zentrale kultische Bedeutung hatten. Weitere sehenswerte Denkmäler im Albersdorfer Gemeindebereich sind der älterbronzezeitliche

Fertiges Rekonstruktionsmodell des jungsteinzeitlichen Hauses von Flögeln. Insgesamt wurden 20 Eichen für tragende Pfosten und Spaltbohlen benötigt.

Auf der „Steinzeitmeile" bekommt man alte Handwerkstechniken vorgeführt. Wer mag, kann auch selbst Hand anlegen und seine „vorgeschichtlichen" Fähigkeiten testen.

Im Rahmen von museumspädagogischen Aktionen wird das Dorf durch die „Steinzeitbetreuer" des AÖZA wieder lebendig.

Schalenstein von Bunsoh mit seinen interessanten Felszeichnungen und die gut erhaltene Teilstrecke des westlichen Ochsenweges.

TIERE, PFLANZEN UND HAUSBEFUNDE AUS DER JUNGSTEINZEIT

In der Jungsteinzeit waren die Wälder bereits durch Rodung, Beweidung und Laubheugewinnung stark aufgelockert. Einzelne, langsam absterbende Altbäume, kleine und große Lichtungen sowie eine ausgeprägte Krautschicht bestimmten das von Eichen, Linden und Ulmen beherrschte Bild. Die heute dominierende Buche kam damals gerade erst in Norddeutschland auf. Das Gelände des AÖZA – auf dem eine solche Landschaft seit 1997 von neuem entsteht – liegt zwischen dem südlichen Ortsrand von Albersdorf und dem landschaftlich reizvollen Landschaftsschutzgebiet des Gieselautals. Mit verschiedenen, sorgfältig geplanten Eingriffen in die Natur soll hier der jungsteinzeitliche Zustand einer halboffenen Weidelandschaft geschaffen werden. Die großen ehemaligen Ackerflächen im AÖZA werden durch natürliche Sukzession und extensive Beweidung mit alten Haustierrassen, wie Parkrinder, Ziegen und Vielhornschafe, geprägt. Diese Rückentwicklung der Vegetation ist gleichzeitig ein bedeutsames biologisches Experiment. Das Gelände umfasst von Norden nach Süden Zonen abnehmend intensiver Nutzung („Steinzeitdorf" – Steinzeitlandschaft mit Denkmälern – Landschaftsschutzgebiet im Gieselautal). Seit dem Sommer 2000 wird auch der jungsteinzeitliche Mensch in die Landschaft „integriert". Nach dem Vorbild der trichterbecherzeitlichen Befunde von Flögeln und Pennigbüttel im Elbe-Weser-Gebiet entsteht ein „Steinzeitdorf" im Maßstab 1:1, das einen Eindruck von den Lebens- und Wohnverhältnissen der frühen Bauern Norddeutschlands vermittelt.

Auf dem Gelände des AÖZA liegen neun gut erkennbare prähistorische Denkmäler, die der Besucher auf gut ausgebauten Wanderwegen mithilfe einer Geländekarte erkunden kann. Neben Resten von Großsteingräbern, Langbetten und Grabhügeln gehören dazu auch zwei rekonstruierte Anlagen: Bei einer handelt es sich um ein Langbett, das in den 1950er Jahren teilweise ausgegraben und erneuert wurde. Es besteht aus einem Erddamm mit rundum angeordneten Findlingen. Von der ehemaligen Grabkammer des erweiterten Dolmens sind noch vier Tragsteine vorhanden.

Vom Aussichtspunkt beim Parkplatz im Südwesten des AÖZA-Geländes hat man einen weiten Blick in die Albersdorfer Steinzeitlandschaft.

Im Albersdorfer Steinzeitpark können Kinder und Jugendliche auf (präparierten) Ausgrabungsflächen aktiv die Spuren der Vergangenheit erforschen. Im Hintergrund ein bronzezeitlicher Großgrabhügel.

In ihrem Umkreis werden immer wieder größere Mengen von gebranntem weißem Flint entdeckt, der ursprünglich als Bodenbelag diente.
Die zweite Rekonstruktion steht im Albersdorfer „Steinzeitpark". Hier wurden die noch erhaltenen Standsteine eines abgetragenen Großsteingrabes aus der Region wieder aufgebaut, und zwar in einer Weise, die an seine ursprüngliche Form in der Jungsteinzeit erinnert. Die Lage der zu den Großsteingräbern gehörenden Siedlung(en) ist bisher – trotz umfangreicher Grabungen durch das Ökologiezentrum der Universität Kiel – unbekannt. Wahrscheinlich lebten die Menschen, wie auch andernorts, an Wasser führenden Niederungen, in unserem Falle also wohl am Rande des Gieselautals.

ERLEBNISTAGE UND „STEINZEITRALLYES"

Seit 1997 ergänzen das AÖZA und sein Förderverein die Geländearbeiten mit Veranstaltungen und Programmen. Dazu gehören etwa die „Steinzeitmeile" mit Vorführungen und Mitmachaktionen zu prähistorischen Handwerkstechniken, Seminare

Info

Förderverein AÖZA e.V. | Bahnhofstraße 23
25767 Albersdorf
tel 04835|950293 | fax 04835|979797
info@aoeza.de | www.aoeza.de

Öffnungszeiten
Der Albersdorfer „Steinzeitpark" ist jederzeit frei zugänglich

Führungen
Von Mai bis Okt. jeden Sonntag um 14 Uhr, Dauer etwa 2 Std., Startpunkt im „Steinzeitdorf", Anmeldung unter tel 04835|979713

Anreise
Das AÖZA-Gelände liegt am südlichen Ortsrand von Albersdorf östlich der B204 in Richtung Itzehoe. Mit öffentlichen Verkehrsmitteln ist es über die Regionalbahn Neumünster–Heide oder die Linie 1 „Dithmarschenbus" (Heide–Albersdorf–Wrohm) zu erreichen.

Seit Frühjahr 2003 gibt es im landschaftlich reizvollen Gieselautal einen Rundwanderweg zur Landschaftsgeschichte und Flora und Fauna der Region. Hier ein im Bau befindlicher Bohlenweg nach steinzeitlichem Vorbild.

Auf einer gut 4 ha großen Fläche geben Hausrekonstruktionen Einblick in „jungsteinzeitliche“ Bauweisen.

In den Teichen beim Albersdorfer Steinzeitpark schwimmen nach prähistorischen Vorbildern gebaute Einbäume.

Der berühmte „Brutkamp“ in Albersdorf – das Großsteingrab mit dem größten Deckstein in Schleswig-Holstein.

und Lehrerfortbildungen zur Archäologie und Umweltgeschichte der Steinzeit sowie Ausstellungen und Vorträge. Beliebt sind auch die von ausgebildeten Geländeführern geleiteten „Wanderungen in die Steinzeit“ sowie die „Steinzeitrallyes“ für Kinder und Jugendliche. Für Schulklassen und andere Gruppen bietet das AÖZA zusammen mit der Jugendherberge Albersdorf „Steinzeitlage“ an.
Dieses Wochenprogramm beinhaltet eine Ausgrabung, die Anfertigung von Feuersteingeräten und vieles mehr.

NOCH MEHR ATTRAKTIONEN IN DER ZUKUNFT

Nach dem Motto „Gemeinsam sind wir stärker“ arbeiten der Kreis Dithmarschen und die Gemeinde Albersdorf derzeit an einer Zusammenführung des Museums für Dithmarscher Vorgeschichte und des AÖZA. Der Umzug des Museums aus der Kreisstadt Heide nach Albersdorf in das ehemalige Bahnhofshotel hat bereits begonnen. Gleichzeitig erfolgt eine konzeptionelle Neuausrichtung der Ausstellung, die dann vor allem die frühe Mensch-Umwelt-Beziehung von der Altsteinzeit bis in die frühe Neuzeit zum Thema haben wird. Ein Schwerpunkt liegt dabei auf der jungsteinzeitlichen und bronzezeitlichen Siedlungs- und Landschaftsgeschichte, da eben aus dieser Zeit besonders viele Denkmäler im Albersdorfer Raum erhalten sind.
Auch die Umweltgeschichte und das Thema „Historische Kulturlandschaften an der Westküste“ werden eine große Rolle spielen. Ein ausgebauter Infopfad, der am „Brutkamp“ und dem bronzezeitlichen Grabhügel „Kaiserberg“ vorbeiführt, wird dann das AÖZA-Gelände mit dem Museum verbinden.
Die Eröffnung der Dauerausstellung ist für Sommer 2005 geplant.

In die Landschaft eingepasste Beschilderungen dienen dem Besucher in der „Steinzeitlandschaft“ als Orientierungshilfe.

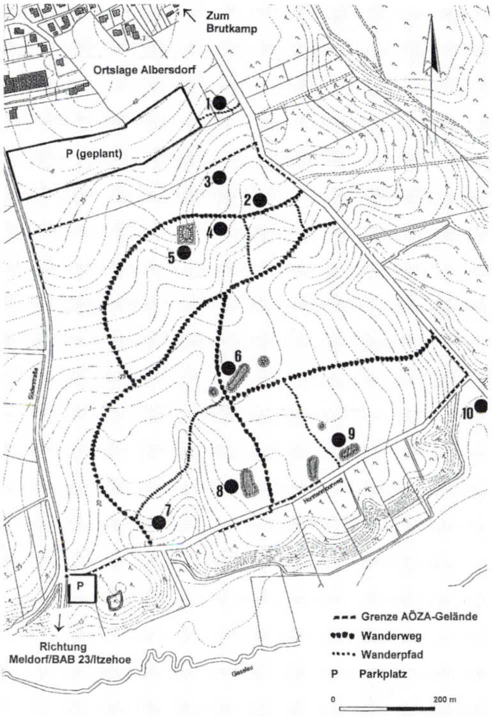

Das Gelände des Archäologisch-Ökologischen Zentrums Albersdorf mit Eintragung der Besuchspunkte.
1 Naturspielplatz/geologischer Lehrpfad | 2 Teilrekonstruktion Flögeln-Haus | 3 Rekonstruktion Flögeln- und Pennigbüttel-Haus 4 prähistorische Nutzpflanzen | 5 bronzezeitlicher Großgrabhügel 6 Gräberensemble 1 | 7 Rekonstruktion eines Megalithgrabes und Weidefläche für alte Nutztiere | 8 zerstörtes Langbett | 9 Gräberensemble 2 | 10 Zum Rundwanderweg Gieselautal (mit Rekonstruktion eines Bohlenweges).

Römerstadt am Rheinknie

Kurz vor der Zeitenwende im Stammesgebiet der Rauriker gegründet, war Augusta Raurica jahrhundertelang wichtigster Handels- und Verkehrsplatz am Oberrhein. Generationen von Forschern haben ermittelt, wie man sich das Leben in der römischen Kolonie am Rheinknie vorzustellen hat. Ruinen, Rekonstruktionen und vielerlei Funde vermitteln dem Besucher ein anschauliches Bild von Alltag und Kult in einer antiken Stadt.

Jeder kennt antike Theater, zumindest von Bildern, aber nun der unmittelbare Eindruck in der Römerstadt am Rhein: Ein Gebirge aus hellgrauem Kalkstein, wo einst Schwänke und Possen auf dem Niveau eines Volkstheaters zur Aufführung kamen. Das jedenfalls vermutet Alex R. Furger, der mit seinem Team die 106 ha der antiken Stadt betreut. Zu dieser Aufgabe gehört, dass eine Million geborgener Objekte, zwei Millionen Tierknochen und 320 000 Fotos von Ausgrabungen aufbewahrt und ausgewertet werden.

HEILIGTUM MIT MÄCHTIGER PFORTE

Die Führung im weitläufigen Gelände übernimmt ein Schildersystem, das die Bezeichnung minutiös im Wortsinne verdient: „Basilika zwei Minuten, Curia drei Minuten" liest man etwa und bekommt mit Pfeilen die Richtung gewiesen. Beim jeweiligen Denkmal helfen dann Texte und Bilder, aus Ruinen eine genaue Vorstellung zu erschließen.

Von den Sitzstufen der antiken Open-Air-Anlage blickt der Besucher auf den Schönbühltempel, dessen Podium die beeindruckende Größe des untergegangenen Heiligtums ahnen lässt. 1140 Kubikmeter Kalkbruchsteine stecken allein in diesem Fundament. 1937 kam ein Schlüssel von nicht weniger als 1,5 kg zutage, mit dem sich vermutlich die monumentale Tür des Podiumstempels verschließen ließ.

Trotz perfekter wirtschaftlicher Infrastruktur gab es auch in Augusta Raurica manches nur auswärts zu kaufen. Terra sigillata zum Beispiel wurde ausnahmslos aus Gallien importiert. Ein Betätigungsfeld für Händler, die auch wertvolle Gläser oder

Allein für das Podium des Schönbühltempels wurden 1140 Kubikmeter Kalkbruchstein verbaut. Steigt man die Stufen der Ruine empor, gewinnt man eine Vorstellung von der weihevollen Größe dieses Heiligtums.

Rohstoffe wie Zinn, Blei und Kupfer in die Stadt brachten. Da sie auch den Verkauf einheimischer Produkte übernahmen, reichte ihr Angebot vom geräucherten Schweineschinken bis zum Baumaterial, von importierten Datteln und Oliven bis zu Haarnadeln und Besteck. Im Römermuseum kann der Besucher sich vergegenwärtigen, wie reich das Angebot der Marktstände auf dem Forum und in den Läden ringsum gewesen sein muss.

ERHOLUNG VON TAGESMÜHEN IM THERMALBAD

Das Podium des Schönbühltempels lässt erahnen, welche Plackerei es bedeutet hat, all die repräsentativen Bauten zu errichten, die zu 80 Prozent immer noch im Boden ruhen und nach dem Willen des kantonalen Parlaments dort auch bleiben sollen. Jede Ausgrabung ist nämlich teurer als es der Erwerb des Geländes und der damit verbundene Schutz archäologischer Substanz war.
Neben Kalkstein war Holz unentbehrlich. Zimmerleute verbauten es, Töpfer, Schmiede und Metallgießer fachten ihr Feuer damit an, Badeanlagen wollten geheizt sein, ohne Holz gab es weder Brot noch warmes Essen. So war ringsum bald alles abgeholzt. Von immer weiter musste Bau- und Brennmaterial herangeschafft werden. Für schwere Lasten und große Entfernungen gab es die Wasserwege auf Ergolz und Rhein, aber von den Anlegestellen aus mussten die Lasten immer noch an Ort und Stelle gebracht werden. Wer Ochs oder Esel beladen oder vor einen Karren spannen konnte, war gut dran, doch jeder Transport erforderte auch menschliche Muskelkraft. Enormen Zuspruch fanden deshalb die Thermen, jene „Paläste der Entspannung".

EINE STAUNENSWERTE KLOAKE

Die so genannte Zentraltherme von Augst ist nur noch als sanfter Hügel im Gelände zu erkennen. Ihre Rekonstruktion macht aber deutlich, dass die Bezeichnung Palast keine Übertreibung ist. Von einem Abwasserkanal sind etwa 100 Meter, die man begehen kann, erhalten geblieben. Das sorgfältig aus Kalksteinquadern gefügte Mauerwerk dieser schnurgeraden mannshohen Kloake erweckt Bewunderung und macht anschaulich, welche Wassermassen hier abgeflossen sein müssen.
Um das Volk bei Stimmung zu halten, hat die Oberschicht auch hier am Rheinknie für „Brot und Spiele" gesorgt. Am Westrand der Stadt wurde ein Amphitheater für 5500 Personen errichtet. Gladiatorenkämpfe dürften allerdings selten gewesen sein, denn es gab weit und breit keine Gladiato-

Imposant erhebt sich das ebene Forumareal mit der Basilika-Stützmauer (rechts) und dem Dreiviertelrund der Curia aus der Talniederung.

Ein Spaziergang der besonderen Art: Fünf Meter unter dem Boden kann man ein Stück der Kloake erkunden, die das Abwasser der Zentralthermen ins nächste Bachbett entsorgte.

renschule. Auch Kämpfe gegen wilde Tiere sind unwahrscheinlich, jedenfalls deuten keinerlei Knochenfunde darauf hin. Bloß die Überreste eines Bären hat man gefunden, es ist jedoch unklar, ob er in der Arena getötet wurde oder elendiglich verendet ist. Wie auch immer, es muss Spektakel gegeben haben, die sich niemand entgehen lassen wollte.

Grundnahrungsmittel waren in Augusta Raurica preiswert. Wer sich freilich mit Austern beliefern ließ, musste tief in die Tasche greifen. Diese Delikatesse wurde in Fässern, die mit Seewasser gefüllt waren, von der Mittelmeerküste über die Alpen an den Rhein transportiert! Natürlich hatte auch das zarte Fleisch junger Schweine seinen Preis, ebenso waren Hühnchen beliebt, und Feinschmecker schätzten Weinbergschnecken als Vorspeise. Gehobene Lebensart kam darin zum Ausdruck, dass man beim Essen bequem auf einer Trikline lag. Ein rekonstruierter Speiseraum im Römerhaus vermittelt die stilvolle Atmosphäre mit einem großartigen Mosaik am Boden. Weitere Belege für die römische Mosaikkunst, beispielsweise aus dem „Palazzo", sind original im Keller der Curia zu bewundern, wo auch Akribie und Erfindungsreichtum heutiger Restauratoren eingehend gewürdigt werden.

EINBLICK IN ANTIKE HEIZTECHNIKEN

Auch Wärme war gefragt, wenn man zu Tische lag und sich bei Gesprächen, Wein und erlesenen Speisen ergötzte. Dafür gab es Fußbodenheizungen, deren Prinzip und Bauweise man im Römerhaus oder der Hypokaust-Ruine am Fuße des Forums gut studieren kann. Auch mit Geschirr und Besteck konnte man seinen Gästen imponieren. In Kaiseraugst kam ein Silberschatz zutage, der Mitte des 4. Jh. n. Chr. vergraben wurde, weil beutehungrige Alamannen zu dieser Zeit die römischen Provinzen am Rhein heimsuchten.

Dieses 9,8 m × 6,55 m große Gladiatorenmosaik schmückte einst den Speisesaal einer großen Stadtvilla. Im Bild ein Detail.

Mehrere Funde aus Carrara-Marmor haben die Rekonstruktion des Altars vor dem Forumtempel ermöglicht. Der Adler auf dem Blitzbündel im Lorbeerkranz ist ein Symbol imperialer Macht und des in Augusta Raurica ausgeübten Kaiserkults.

Welche moderne Stadt kann von sich behaupten, dass ihr Zentrum mit dem geometrischen Mittelpunkt identisch ist? In Augusta Raurica bildet ein dem Kaiserkult gewidmeter Altar diesen „Nabel". Genau an seinem Standort liefen im rechten Winkel die Hauptlinien der Stadtvermessung aufeinander zu. Mit weiß gestrichenen Baumstämmen ist der zum Altar gehörige Tempel angedeutet. Eine Stätte öffentlichen Kultes war auch die Tempelanlage in der Grienmatt mit dem Septizodium inmitten, das den Planetengöttern gewidmet war. Eine marmorne Türfassung, die hier erhalten blieb, zeigt nistende Vögel in Rankenwerk. Auch im privaten Bereich hatten Kult und Religion ihren Platz. Wohl jedes Haus besaß ein Lararium, das seinen Namen den als Laren bezeichneten Haus-

Zwischen dem Halbrund der Curia und der mit weißen Stämmen angedeuteten Fassade des Tempels erstreckte sich das Forum, dereinst Marktplatz und Hauptbühne des städtischen Geschehens.

Geht der Blick vom szenischen Theater zum Schönbühltempel hinüber, so erkennt man, dass beide Bauwerke auf eine gemeinsame Achse ausgerichtet sind.

göttern verdankt. Zusätzlich war es den Penaten geweiht, die die Familie vor Schaden bewahrten. Jeder verehrte die Götter, die ihm am meisten versprachen. Für Kaufleute war das der Handelsgott Merkur, Liebende hielten sich eher an Venus. Von ihr wurde in Augusta Raurica eine anmutige Bronzestatuette mit Armbändern und einem Halsband aus tordiertem Golddraht gefunden.

HEUTE KIRSCHBAUMWIESE, DAMALS HAUPTBÜHNE STÄDTISCHEN LEBENS

Blickt man, die nachgestellte Tempelfassade im Rücken, vom Altar in die andere Richtung, so überschaut man das Forum, eine mit Kirschbäumen bestandene Wiese, die dereinst Marktplatz und so etwas wie die Hauptbühne des städtischen Geschehens war. Von der Basilika, die diesen Platz als Querriegel nach Osten hin abschloss, blieb eine mächtige, das hier steil abfallende Gelände sichernde Stützmauer erhalten. Sie lässt etwas von der Großartigkeit dieses Gebäudes ahnen.

ANTIKE „PARLAMENTSVERSAMMLUNG"

An die nordöstliche Längsseite der Basilika war die Curia angefügt. Bedeutende Teile dieses Rundbaus

Genussvolles Baden gehörte zum römischen Lebensstil. Die Rekonstruktionszeichnung der Thermen im Zentrum der Augster Innenstadt zeigt den baulichen Aufwand für solche „Entspannungspaläste".

Als Koloniestadt gehörte Augusta Raurica zu den rechtlich und politisch höchstrangigen Städten in den Provinzen. Ihre politische und bauliche Ordnung war der (idealisierten) Stadt Rom nachgebildet.

1 Römermuseum | 2 Römerhaus | 3 Theater | 4 Tempel auf Schönbühl | 5 Markierung der Fassade des Forumtempels und Altarrekonstruktion | 6 Curia (Rathaus) | 7 Curiakeller | 8 Ausstellung über römisches Handwerk | 9 Badeanlage mit unterirdischem Brunnenhaus | 10 Hypokaust (Raum mit Fußbodenheizung) | 11 Taberne (Schankstube) | 12 Keller | 13 Kloake (Begehbarer Abwasserkanal der Zentralthermen) | 14 Brotbackstube | 15 Amphitheater | 16 Tempelbezirk für einheimische und römische Gottheiten | 17 Osttor mit Stadtmauer | 18 Grabmonument | 19 Haustierpark | 20 Großpanorama mit der „Skyline" von Augusta Raurica | 21 Ziegelei | 22 Handels- und Gewerbehaus | 23 Kastellmauer | 24 Rheinthermen | 25 Baptisterium

blieben erhalten, sodass er rekonstruiert werden konnte. Hier kam der Stadtrat zusammen, den Vorsitz hatten zwei von den Gemeindebürgern gewählte Bürgermeister, 100 von ihnen berufene Decurionen saßen im Halbkreis ringsum und beratschlagten, was zum Wohl des Gemeinwesens geschehen sollte. Eine Etage tiefer, im Untergeschoss der Curia, kann man die erste Bauphase dieses öffentlichen Gebäudes studieren. Dort steht auch ein Modell der antiken Stadt. Es schließt die Lücken, die auch die lebhafteste Phantasie zwischen den einzelnen Denkmälern nicht auszufüllen vermag.

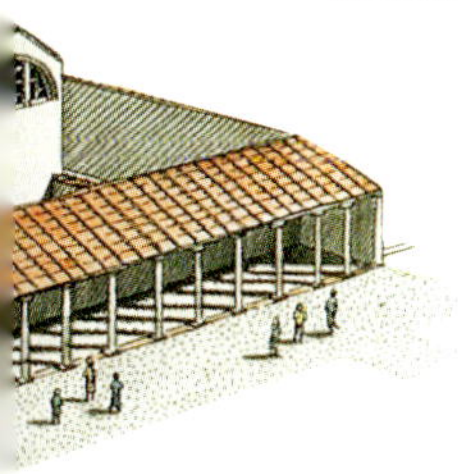

Info

Römerstadt Augusta Raurica | Giebenacherstraße 17
CH-4302 Augst
tel ++41(0)61|8162222 | fax 8162261
www.augusta-raurica.ch

Öffnungszeiten

Römermuseum mit Silberschatz und Römerhaus: Mo 13–17, Di bis So 10–17 Uhr; Nov. bis Feb. 12–13.30 Uhr geschlossen, 24./25./31. Dez., 1. Jan. und Karfreitag geschlossen

Anreise von Basel aus

- **Mit der Regionalbahn bis Kaiseraugst.**
- **Auf der Autobahn Richtung Rheinfelden bis zur Ausfahrt Augst, dann den braunen Wegweisern „Augusta Raurica" folgen.**
- **Mit Buslinie 70 ab Basel-Aeschenplatz bis Augst.**
- **Im Sommer mit dem Rheinschiff ab Schifflände Tel. ++41(0)61|6399507**

Bad Buchau: Federsee-Museum

Dörfer im Moor

Nirgendwo sonst in Europa finden sich so viele gut erhaltene Moorsiedlungen aus vorgeschichtlicher Zeit wie am Federsee. Das hier gelegene Museum eröffnet einzigartige Einblicke in das Leben der Stein- und Bronzezeit Oberschwabens. Seltene, durch das Moor konservierte Funde und ein Dutzend vorgeschichtlicher Hütten und Häuser im Freigelände bieten dem Besucher Archäologie zum Anschauen, Anfassen und Begehen.

Seit der Steinzeit haben Menschen immer wieder die Ufer des Federsees aufgesucht und hier ihre Zelte, Hütten sowie später auch mit Palisaden befestigte Dörfer errichtet. Jäger und Sammler, Fischer, Bauern – alle haben von der reichen Tier- und Pflanzenwelt profitiert. Spuren ihres Lebens finden sich heute versunken im Moor: Tausende von Bauhölzern, Reste von feinen Leinenstoffen, Einbäume, Arbeitsgeräte und Schmuckstücke, über Jahrtausende im feuchten Boden erhalten.

Abgehoben und ebenerdig errichtete Häuser der frühbronzezeitlichen „Siedlung Forschner". In den einzelnen Dorfausschnitten werden stets mehrere Baulösungen als Varianten eines archäologischen Befundes gezeigt; auf diese Weise werden auch die Besucher in die kritische Auseinandersetzung mit archäologischen Rekonstruktionen einbezogen.

150 Jahre ungebrochene Faszination

Auf der Weltausstellung 1867 in Paris galten sie als Sensation: Die von Oskar Fraas ausgegrabenen Funde eines altsteinzeitlichen Jagdlagers an der Schussenquelle waren die ersten sicheren Zeugnisse für die Anwesenheit des Menschen in der eiszeitlichen Tundra! Wenige Jahre später, im Zuge des industriellen Torfabbaus wurden im Staatsforst bei Bad Schussenried erstmals Wohnböden von Häusern großflächig aufgedeckt und euphorisch als „Schwäbisches Troja" gefeiert.
Seit den Tagen Oskar Fraas' sind fast 150 Jahre vergangen; geblieben ist die Archäologiebegeisterung des späten 19. Jh., erlebt sie doch heute wieder eine Renaissance. Entscheidend hat dazu auch die landesarchäologische Bestandsaufnahme mit zahlreichen Neuentdeckungen im südlichen Ried, auf der Buchauer Insel und im ehemaligen Hochmoor beigetragen. Die bisherige Bilanz ist beeindruckend: Fast 20 stein- und bronzezeitliche

Siedlungen, rund 200 Hausgrundrisse, 40 Einbäume, sechs Radfunde sowie unzählige Einzelfunde erweitern unser Wissen um das prähistorische Siedlungswesen und liefern hervorragende Beispiele für den vorgeschichtlichen Hausbau.

Ein archäologischer Moorlehrpfad erschließt die prähistorische Siedlungslandschaft im südlichen Ried; aufwändige Teilrekonstruktionen erläutern die Lage von Palisaden und Gebäuden im Gelände.

Mit dem Einbaum auf dem Museumsteich – eine der zahlreichen Veranstaltungen für die kleinen Museumsbesucher an den Wochenenden.

MOORBAUTEN HINTER GLAS

Gleich einem modernen Pfahlbau liegt das Federseemuseum am Rande des Naturschutzgebietes. Vom bekannten Stuttgarter Architekten Manfred Lehmbruck entworfen, gilt es heute als international bedeutendes Beispiel für den Museumsbau der 60er-Jahre. Mit seiner durch das Württembergische Landesmuseum 1995 modern gestalteten Dauerausstellung bietet das Museum einen umfassenden Einblick in 14000 Jahre Besiedlungsgeschichte des Federseebeckens. Von den eiszeitlichen Rentierjägern, den Pfahlbauern der Stein- und Bronzezeit mit den ältesten in Europa gefundenen Scheibenrädern, über die Wasserburg Buchau, ihrem Schatzfund, Waffen und Geräten spannt sich der Bogen bis zum Weihefund aus Kappel, einem der ältesten Zeugnisse keltischen Glaubens.

BEGEH- UND BEGREIFBARE ARCHITEKTUR

Seit April 2000 ist das Federseemuseum um eine Attraktion reicher: Basierend auf dem aktuellen Forschungsstand entstand mithilfe der EU-leader-Förderung ein in das Museumsgelände integriertes Freilichtareal mit vier für das Gebiet charakteristischen stein- und bronzezeitlichen Siedlungen. Block- und Lehmbauten, ebenerdige und abgehobene Häuser, vor allem aber eine bunte Dachland-

Auf Rentierjagd mit der Speerschleuder. Diese seit der Eiszeit in Europa nicht mehr gebräuchliche Jagdwaffe erlebt am Federsee eine kleine Renaissance.

Die Aufbereitung federseespezifischer Themen – wie prähistorische Fischereitechniken – stehen bei den archäotechnischen Vorführungen im Zentrum der Vermittlung.

schaft aus jungsteinzeitlichen Rinden- oder bronzezeitlichen Schilf-, Gras- und Schindeldächern, die in ihrer jeweiligen Zeit materialtechnisch und handwerklich möglich gewesen wären, präsentieren begeh- und begreifbare Architektur und Siedlungsstrukturen aus 3500 Jahren örtlicher Pfahlbaugeschichte.

EINLADUNG ZUM AUSPROBIEREN UND SELBERMACHEN

„Schauhäuser" mit dauerhaften Objektensembles finden sich in jedem Siedlungsausschnitt und vermitteln vertiefende Einblicke in Arbeitsweise und Lebenszusammenhänge unserer stein- und bronzezeitlichen Vorfahren. „Schul- und Projekthäuser" stehen für längere, mitunter auch mehrtägige Aktionen zur Verfügung; hier können angemeldete Gruppen abseits des normalen Besucherstromes in stein- und bronzezeitlicher Manier ungestört kochen und Handwerken. Diverse Aktionsflächen auf dem Gelände zum Thema Stein- und Holzbearbeitung, Textilherstellung, Bronzeguss oder prähistorische Fischerei laden zum Mitmachen ein und erweitern die museumspädagogischen Angebote und öffentlichen Handwerksvorführungen. Eine Speerschleuder- und Bogenschießbahn, Anbauflächen für prähistorische Getreidesorten, drei Einbäume, ein Lehmofen zum Fischräuchern und zwei meist im Betrieb befindliche Feuerstellen ergänzen die Anlage, die im letzten Jahr zusätzlich um ein kleines Tiergehege erweitert wurde.

VOM VITRINENMUSEUM ZUM „ARCHÄOPARK"

Mit dem Zugewinn eines Freigeländes konnte am Federsee museale Vermittlung und lebendige Archäologie ideal verbunden werden:
Anhand der Originalfunde in den Vitrinen und ergänzenden Informationen in Wort und Bild erfolgt zunächst der Einstieg in die prähistorische Siedlungslandschaft; beim anschließenden Gang ins Freigelände werden die mitunter abstrakten Themen der Archäologie nicht nur für Kinder und Jugendliche erleb- und be-„greifbar". Unter dem Motto „vergnüglich sich bilden" wurden in den letzten Jahren zahlreiche neue Vermittlungsangebote entwickelt:
So übernimmt den Rundgang durch Museum und Freigelände – neben einem Dutzend gut geschulter Gästeführer – ein zweisprachiger Audioguide, für Kinder und Jugendliche in Form einer spannenden Zeitreise aufbereitet. Entsprechendes liegt seit 2004 auch in gedruckter Form vor: Ein Kinderführer – von Jugendlichen mit entworfen – führt in die Geheimnisse der Moorarchäologie ein.

Der auf Betonstelzen in einem Teich ruhende Kubus des Federseemuseums fügt sich harmonisch in die umgebende Riedlandschaft ein.

MIT DEN PROFIS AUF GRABUNG

Archäologische und naturkundliche (Rad-)Wanderungen erschließen ein einzigartiges Naturreservat und führen zu den Spuren früher Jäger und Bauern. Besonders beliebt sind Besuche auf den sommerlichen Ausgrabungen des Landesdenkmalamtes; hier berichten Archäologen im wöchentlichen Rhythmus vor Ort über den aktuellen Stand, präsentieren Neufunde und erläutern Besonderheiten der Ausgrabungstechniken im Moor. Ein Highlight ist die „Archäologische Woche" am Beginn der Sommerferien. Im Zusammenspiel mit themenbezogenen Ausstellungen und den aktuellen Grabungen geben Archäologen und Naturwissenschaftler (Dendrologen, Archäozoologen und -botaniker sowie Geologen) im Freigelände Einblicke in die verschiedenen Disziplinen und Forschungsfelder der Archäologie. Bei den Publikumsgrabungen können junge Erwachsene während mehrerer Tage auf einer „richtigen", also nicht inszenierten Grabung aktiv werden und unter museumspädagogischer Anleitung grundlegendes Fachwissen erwerben.

Wohnmilieu aus vergangenen Zeiten. Die begehbaren, mit originalgetreuen Nachbildungen ausgestatteten Häuser zeigen eine uns heute fremdartige Wohnkultur.

INFOWEG DURCHS MOOR

Eine ideale Ergänzung zum Besuch des Federseemuseums und seines archäologischen Freigeländes ist der erst 1999 eröffnete „archäologische Moorlehrpfad". Dieser durch Teilrekonstruktionen, Hinweisschilder und Bepflanzungen kenntlich gemachte 9,5 km lange Rad- und Wanderweg führt vom Museum zu den Originalfundstätten im südlichen Federseeried. So erschließt sich dem Besucher die prähistorische Siedlungslandschaft im ansonsten unzugänglichen Naturschutzgebiet auf ganz besondere Weise.

Blick in die Ausstellungsräume. Die großen Glasfronten des Atriumbaus geben sowohl den Blick auf die Objekte in den Vitrinen als auch nach „draußen" in die Landschaft frei.

Begeh- und begreifbare Architektur im archäologischen Freigelände: Im Hintergrund die Häuser der Schussenrieder Kultur aus dem „Taubried" (ca. 3800 v. Chr.); rechts die fragilen Hütten spezialisierter Flachsbauern vom nördlichen Federseeufer bei Alleshausen-„Grundwiesen" (ca. 2900/2500 v. Chr.).

FIT FÜR DIE ZUKUNFT

Vom Federsee lohnt sich ein Abstecher in den nur wenige Kilometer entfernten Teilort Kanzach. Seit 2004 steht hier die Nachbildung einer Turmburg des 12. Jh. mit vollständig rekonstruierter Außensiedlung. Diese in Europa einzigartige Anlage bietet dem Konzept einer erlebnisorientierten Archäologie neue Möglichkeiten: Der inzwischen auch personell vollzogene Zusammenschluss zwischen dem Federseemuseum Bad Buchau und der Bachritterburg in Kanzach zum „ArchäoPark Federsee" ist die touristisch angemessene Antwort auf ein verändertes Freizeit- und Konsumverhalten der Besucher. Die Vernetzung mit weiteren kulturgeschichtlichen Anbietern der Region, mittelfristig auch die Etablierung eines archäologischen Themenparks sind hierbei die angestrebten Ziele. Dass dabei auch prähistorische Haustierarten nicht fehlen dürfen, versteht sich von selbst.

Info

Federseemuseum | August-Gröber-Platz
88422 Bad Buchau
tel 07582|8350 | fax 07582|933810
info@federseemuseum.de | www.federseemuseum.de
www.archaeopark-federsee.de

Öffnungszeiten
1. April bis 1. Nov. tgl. 10–18, 2. Nov. bis 31. März nur So 10–16 Uhr

Eine weitere Attraktion am See: Die „Bachritterburg in Kanzach" – mit dem Federseemuseum seit Januar 2004 zum „ArchäoPark Federsee" zusammengeschlossen.

Bad Homburg: Römerkastell Saalburg

Heldenherzen im Staub

„Als die Römer frech geworden, zogen sie nach Deutschlands Norden…" Doch sie schlugen sich nicht nur – wie in dem alten Studentenlied besungen – 9 n. Chr. „im Teutoburger Walde, huh, wie pfiff der Wind so kalte" erfolglos mit den Germanen herum. Im Jahre 83 n. Chr. besetzten die Römer einen im Kampf gegen den germanischen Stamm der Chatten strategisch wichtigen Taunuspass und errichteten auf ihm ein Kastell – die Saalburg.

Zunächst eine Erdschanze für 100 Soldaten, entwickelte sich die Saalburg im Laufe von zwei Jahrhunderten zu einem bedeutenden Limes-Stützpunkt der Eroberer. Vor den Toren der 3,2 ha großen Anlage, in die um 135 n. Chr. 500 Soldaten der 2. Raeterkohorte verlegt wurden, entstand ein Kastelldorf, der so genannte vicus, in dem sich Handwerker, Händler und Gastwirte ansiedelten. Wer heute das einzige in seinen wichtigsten Teilen rekonstruierte Kastell am obergermanisch-raetischen Limes besichtigen möchte, muss auf dem Weg zum Haupteingang (porta praetoria) unweigerlich dieses Dorf durchqueren. Von Wurzeln durchsetzte, bemooste Mauern säumen, von uralten Eichen beschattet, den Weg, der an den Überbleibseln einer Badeanlage sowie an Resten von Kellern zahlreicher Wohnhäuser und eines Gästehauses vorbeiführt. Sicherlich kommt der Besucher auch an einem der 99 Brunnen vorbei, die im Laufe der Römerjahre – bis die Alamannen um 260 n. Chr. den Limes überrannten – auf der Taunushöhe angelegt wurden. In ihnen haben sich viele antike Kostbarkeiten bewahrt.

An der porta praetoria grüßt mit imperialer Geste Antoninus Pius (138–161 n. Chr.) den eintretenden Gast. Die hinter der Bronzestatue des Kaisers angebrachte Inschrift erzählt von der Wilhelminischen Geschichte der Saalburg, nämlich dass Kaiser „Wilhelm II. … das Kastell … wieder aufgebaut hat". Dieses Verdienst gebührt zwar dem Geheimen Baurat und Archäologen Louis Jacobi, doch der Begeisterung des jugendlichen Wilhelm (der auf der Saalburg sogar, wenn er mit seinen Eltern in der Sommerresidenz der kaiserlichen Familie in Bad Homburg weilte, an Ausgrabungen teilnehmen durfte) verdankt die Nachwelt eine umfangreiche von 1897 bis 1907 durchgeführte Rekonstruktion der Grenzfeste. Eine große Rolle spielte dabei sicherlich auch das Selbstverständnis Wilhelms II. als Hohenzoller in der Nachfolge antiken Kaisertums.

Deshalb präsentiert sich die Saalburg, wie ihr Direktor, der hessische Landesarchäologe Prof. Dr. Egon Schallmayer, betont, heute auch als „Museum im Museum". Ob horreum (der rekon-

Am Haupteingang grüßt Kaiser Antoninus Pius den eintretenden Gast mit imperialer Geste.

Blick in die Vorhalle der Kommandantur im Zentrum des Kastells: Hier exerzierte die römische Besatzung.

struierte Getreidespeicher, in dem antike Geräte, Kleidung, Waffen und Schmuckstücke vom Leben im Kastell erzählen), Fahnenheiligtum oder Stabsgebäude mit Innenhof – immer weht auch Wilhelminischer Zeitgeist durch die Mauern. Dass die Außenwände, wie heutige Forschungen belegen, mit Fugenstrichen bzw. Quaderaufmalung versehen waren, zeigt u. a. ein Abschnitt der Umfassungsmauer und – wenn die Bauarbeiten planmäßig vorangehen – ab Juli 2004 die Fassade des zu einer vierflügeligen Anlage mit brunnengeschmücktem Innenhof erweiterten Kommandantenhauses.

Archäologischer Park

Die Um- bzw. Neubauten auf der Saalburg zur Umgestaltung in einen Archäologischen Park sind in vollem Gange. Das erweiterte Kommandantenhaus bzw. Institutsgebäude soll im Juli eingeweiht werden. Noch 2004 wird mit dem Bau in Form einer römischen Fabrica und römischer Streifenhäuser begonnen. Außerdem soll das Außengelände neu gestaltet und der Bauhof renoviert werden.

Wie der Alltag des Militärs aussah, lässt sich im 1995 rekonstruierten, zwölf Quadratmeter großen Contubernium erahnen: Zum Mobiliar der in Rüstkammer und Schlafraum unterteilten spartanischen Soldatenunterkunft, die in einer der Mannschaftsbaracken des Kohortenkastells eingerichtet wurde, gehören eine hölzerne Bank, ein Regal, ein Wandbord. Ein Spangenhelm, eiserne Lanzen, Lederschuhe, ein Tongefäß und ein wollenes Gewand scheinen auf einen der acht Legionäre, die sich hier ein Doppelstockbett teilen mussten, zu warten. Daran, dass die Soldaten sich ihr Essen selbst kochen mussten, erinnern eine Getreidemühle und eine Feuerstelle.
Im antiken Ambiente der „Taberna“ gleich gegenüber kann der Saalburg-Besucher einen kulinarischen Ausflug in die

Fund von der Saalburg: Spruchbecher

Eine Kohorte rückt ein.

Antike unternehmen – etwa bei einem Schluck Mulsum, römischen Gewürzweins, bei Römerbrot oder einem Löffel Kräuterkäse Moretum.
In der Nähe des Kastells lohnen ein Mithras-Heiligtum, ein Nymphenweiher, ein Gräberhaus und die Kopie der Mainzer Jupiter-Säule einen Besuch; immer wieder lädt die Saalburg auch zu Sonderausstellungen, Römertagen oder Aktionen experimenteller Archäologie ein.
„Dass die Menschen die Vergangenheit mit allen Sinnen erfahren können", ist eines der Hauptanliegen Egon Schallmayers. In einer Zeit, in der die Saalburg ihren Platz als „außerschulischer Lernort zwischen Bundesligafußball, Internet, Grillen und Mallorcaurlaub" behaupten muss, möchte er die Anlage in einen Archäologischen Park umwandeln. Die im Kulturinvestitionsprogramm des Landes Hessen mit insgesamt 7,9 Millionen Euro veranschlagten Bauarbeiten sollen, wie der hessische Finanzminister Karlheinz Weimar (CDU) bereits beim Richtfest zur Erweiterung des Institutsgebäudes im Oktober 2003 in Aussicht stellte, zügig fortgesetzt werden. Noch 2004 wird mit dem Bau der fabrica und der Streifenhäuser begonnen.

BEWACHT VOM GEIST EINES RÖMISCHEN LEGIONÄRS

Trotz laufender Umbauten ist die Saalburg – Station auch am Taunus-Lehrpfad, am Limes-Radweg und an der Deutschen Limes-Straße – nach wie vor ein Magnet für etwa 160 000 Besucher im Jahr. Doch wehe dem, der angesichts offener Baugruben meint, eine private Sammlung antiker Preziosen anlegen zu können! Er sei vor dem ebenso wortgewaltigen wie gewalttätigen Geist eines römischen Legionärs gewarnt, der der Sage nach auf der Saalburg umgeht und Stein- und Baumfrevlern das Handwerk legt: „Was stört dein frevelhaftes Thun / die Todten, die da friedlich ruhn? / Manch Heldenherz ward hier zu Staub / Drum wehe, wehe jedem Raub! / Denn ich, als Wächter hingestellt, / Behüte ewig dieses Feld!"

Info

Römerkastell Saalburg | 61350 Bad Homburg
tel 06175|93740
info@saalburgmuseum.de | www.saalburgmuseum.de
Nov. bis Feb. 9–16; März bis Okt. 9–18 Uhr

Bei den Römertagen kann man auf der Saalburg auch selbst in historische Kostüme schlüpfen und sein Mahl auf rustikale Art und Weise genießen.

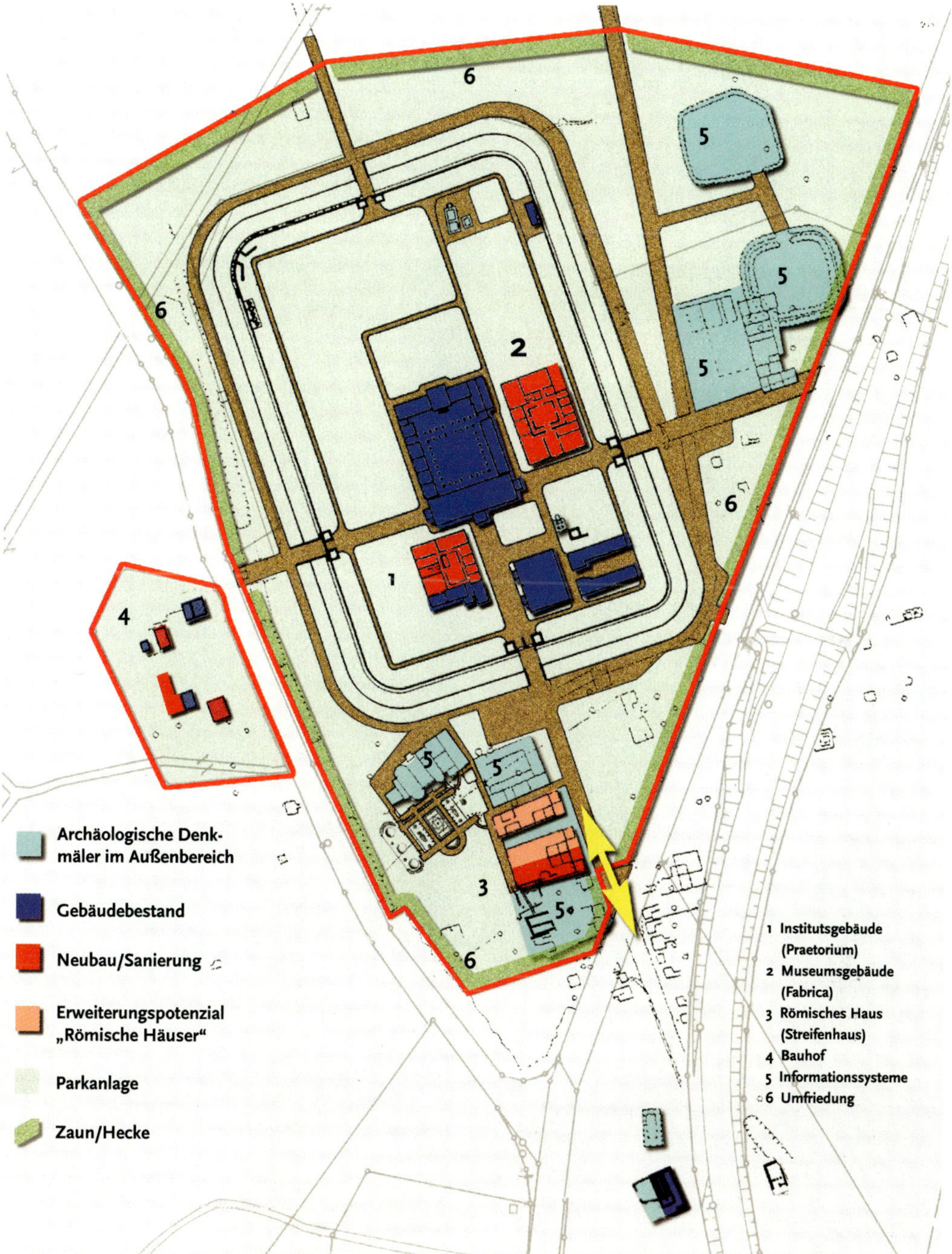

Spätestens 2007 soll die Umgestaltung der Saalburg zum Archäologischen Park abgeschlossen sein. Der Plan zeigt das Gelände mit den geplanten, teilweise schon im Bau befindlichen Neubauten.

Zeitreise durch 700 Jahre

Das 1982 eröffnete Fränkische Freilandmuseum Bad Windsheim zählt mit fast 80 wieder-aufgebauten Häusern mittlerweile zu den größten Freilichtmuseen Deutschlands. Ein besonderer Anziehungspunkt ist die Mittelalter-Baugruppe mit sieben ländlichen Gebäuden aus dem 14. bis 16. Jh., darunter zwei Bauten von 1367, die zu den ältesten Bauernhäusern in unseren Breiten gehören.

Kleine Dauerausstellungen zeigen dort Bodenfunde des Alltagslebens, die bei Grabungen am alten Standort der Mittelalterhäuser zutage getreten sind. Am Rande der Gruppe steht ein kleines „archäologisches Dorf" mit rekonstruierten Bauten aus der Zeit um 1000. Der weite Bogen zu den vor- und frühgeschichtlichen Siedlungs- und Hausformen wird in einem eigenen Archäologiemuseum (Zweigstelle der Archäologischen Staatssammlung München) mit Inszenierungen, Modellen und Originalfunden gespannt.

Aushängeschild der Mittelalter-Baugruppe ist das 1367 erbaute Bauernhaus aus Höfstetten (Lkr. Ansbach) mit seinem hohen, strohgedeckten Dach. Ähnliche Häuser aus der Nürnberger Gegend hat Albrecht Dürer noch um 1500 in seinen Bildern

Hohe, strohgedeckte Häuser dominieren das Bild der Mittelalter-Baugruppe.

Blick in das Untergeschoss der mehrstöckigen Grablege einer thüringisch-fränkischen Adligen aus Zeuzleben. Die Frau wurde mit Tracht und reichen Beigaben auf einem vierrädrigen Wagen zur letzten Ruhe gebettet.

festgehalten. Sechs mächtige hölzerne Säulen bilden die innere Gerüstkonstruktion des Höfstettener Hauses. Seine weitgehend rekonstruierte Stube ist ganz aus Holz („Bohlenstube") und mit einem Ofen aus Schüsselkacheln ausgestattet, der als „Hinterlader" von der Küche geschürt wird. Unter dem Küchenboden befand sich – in den Felsen gehauen – eine Grube, die als eine Art Kühlschrank zur Aufbewahrung von Vorräten genutzt wurde. Doch schon etwa 100 Jahre nach Erbauung des Hauses verfüllten die damaligen Bewohner die Vorratsgrube mit Tonscherben von rund 320 Töpfen. Im ehemaligen Stallbereich sind die Funde aus dem Haus zu sehen.
Informationstafeln und ein Videofilm geben Auskunft über das Haus, die Restaurierung von Keramik und die Ernährungsgewohnheiten der einstigen Bewohner.

AUSGEGRABENE KLÄNGE

Gleich nebenan beim 1454/55 erbauten Bauernhaus aus Ochsenfeld (Lkr. Eichstätt) mit seiner auffälligen Dachdeckung aus Kalkplatten kann der Besucher den Klängen einer tönernen Flöte lauschen. Dieses noch heute bespielbare Instrument in Form eines so genannten Gämshorns wurde neben Ofenkacheln sowie Keramik- und Glasfunden bei Grabungen nach Abbau des Hauses am alten Standort in Ochsenfeld geborgen. Die Flöte, von der eine Nachbildung im Haus zu sehen ist, gehört zu den ganz seltenen noch heute bespielbaren Musikinstrumenten des späten Mittelalters im mitteleuropäischen Raum. Eine kleine Ausstellung im Gebäude zeigt eine Auswahl der weiteren Funde, darunter auch ein großes tönernes Gefäß

Die Hausrekonstruktionen im „Archäologischen Dorf" führen zurück in die Zeit um 1000 n. Chr.

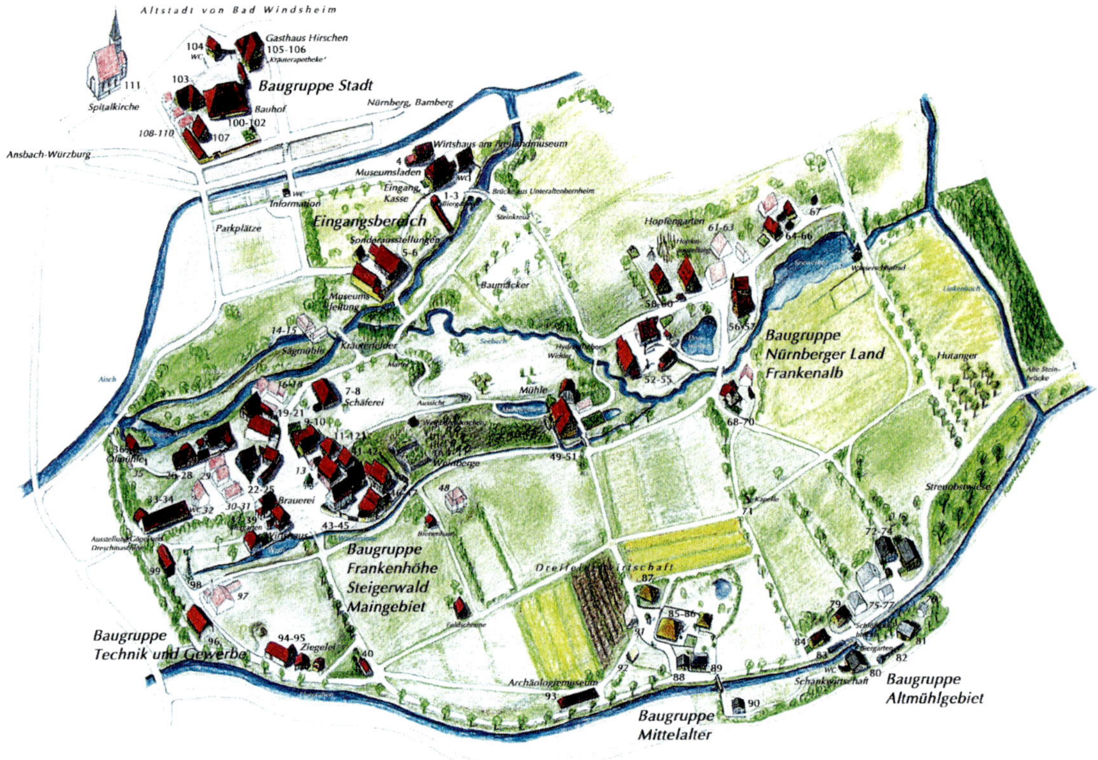

aus dem 12./13. Jh., das wohl als „Glutbecken" im Winter zum Wärmen kalter Füße diente.

Der Weg tief zurück in die Geschichte des ländlichen Bauens und Wohnens führt vom Spät- ins Hochmittelalter und damit von original erhaltenen Bauten zu Rekonstruktionen. Entstanden ist ein kleines „archäologisches Dorf" aus der Zeit um 1000. Spuren von Pfosten und Erdgruben lieferten die Vorlage für die Errichtung der Häuser, die schon bei der „Heinrich II."-Ausstellung in Bamberg (2001) zu sehen waren, dort allerdings abbrannten und nun im Freilandmuseum wieder neu errichtet wurden. Die „Dorflandschaft" besteht aus einem strohgedeckten Pfosten-(Wohn-)Haus, einem Grubenhaus mit Webstuhl und einem kleinen Ständer-Bohlenbau auf steinernem Sockel, der wohl einst als Speicherbau diente.

Im 2001 eröffneten Archäologiemuseum, das in einer ehemaligen Schafscheune untergebracht wurde, macht der Besucher dann einen rasanten Zeitsprung vom Hochmittelalter in die Vor- und Frühgeschichte. Zahlreiche Modelle und Insze-

nierungen zeigen die Entwicklung des Hausbaus vom Frühmittelalter bis in die Steinzeit und lassen erahnen, wie Menschen vor etwa 15 000 Jahren in „festen“ Behausungen aus Tierhäuten einer unwirtlichen Umwelt trotzten. Im Mittelpunkt der Dauerausstellung steht der maßstabsgerechte Nachbau eines mehrstöckigen Grabhauses für eine Fürstin der Merowingerzeit. Zu dieser Adelsgrablege aus Zeuzleben bei Schweinfurt gehört ein vierrädriger Wagen, auf dem die Frau mit reichen Beigaben bestattet wurde. Sogar Pferde wurden beigesetzt.
Wenige hundert Meter vom Museumsgelände entfernt liegt mitten in Bad Windsheim die Baugruppe Stadt des Freilandmuseums. Im Zentrum steht hier die ehemalige, 1441–43 erbaute Scheune des städtisches Bauhofes. Ein kleinerer Raum in dieser Bauhofscheune beherbergt die Funde einer Latrine aus dem mittelalterlichen Windsheim. Die zum ehemaligen Spital gehörende Kloake war 6 m lang und 3,8 m breit und erstreckte sich 6,5 m tief unter das heutige Straßenniveau. Hier kamen nicht nur zahlreiche Keramik- und Glasfunde aus der Zeit bis nach 1500, sondern auch Leder-, Textilien- und vor allem auch viele Holzfunde zutage. Zu den herausragenden Ausstellungsstücken gehören ein hölzerner gedrechselter Trinkbecher, nachempfunden einem Trichterhalsbecher aus Steinzeug oder auch ein flaschenförmiges Gefäß aus Zinn, das einst als Hohlmaß benutzt wurde.

Info

Fränkisches Freilandmuseum | Eisweiherweg 1
91438 Bad Windsheim
tel 09841|66800 | fax 09841|668099
info@freilandmuseum.de | www.freilandmuseum.de

Öffnungszeiten

tgl. außer Mo (Ausnahme: Oster- und Pfingstmontag sowie alle Montage von Anfang Juni bis Anfang Sept.) von Mitte März bis 3. Advent 9–18 Uhr, im Okt. 10–17 Uhr und ab Anf. Nov. 10–16 Uhr

Besondere Angebote

- **Sommer- und Herbstfest (letztes Juli- und drittes Sept.-Wochenende)**
- **Mittelaltertage am ersten Okt.-Wochenende**

Innenaufnahme des Hauses aus Höfstetten: Stube mit rekonstruiertem Kachelofen.

← Mächtige Holzbalken prägen das Innere des Höfstettener Hauses.

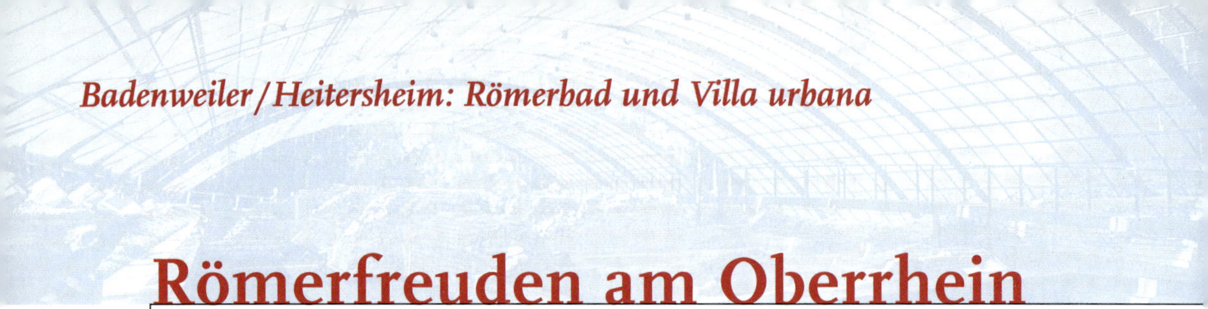

Römerfreuden am Oberrhein

Dass „Wellness“ keine Erfindung der Neuzeit ist, zeigt ein Besuch der antiken römischen Thermen im badischen Badenweiler. Mit Heiß- und Kaltbadebecken sowie Ruhe-, Massage- und Gymnastikzonen besitzt diese um 100 n. Chr. erbaute Anlage alle Annehmlichkeiten heutiger Badetempel. Im Sommer 2003 bekam diese archäologische Kostbarkeit auch endlich das längst überfällige Schutzdach, mit dem die Heitersheimer „villa urbana“, luxuriöse „Sommerresidenz“ reicher Römer, schon zu Beginn ausgestattet wurde.

Im Jahr 75 n. Chr. lässt der römische Fiskus am äußersten Zipfel der südlichen Oberrheingegend kurz oberhalb des Rheinknies eine spektakuläre öffentliche Badeanlage errichten. Ihren Namen kennen wir nicht. Schriftliche Überlieferungen zu diesem damals größten Bad nördlich der Alpen gibt es so gut wie keine. Dass der Ort einmal „Aquae Villae“ geheißen habe, ein „Titel“, mit dem die Stadt gern wirbt, hält die strenge Wissenschaft für eine „unsinnige Rückübersetzung des mittelalterlichen Ortsnamens Badenweiler“. Ob der Einzugsbereich dieses Römerbads tatsächlich, wie vermutet, von den Legionärskasernen in Argentoratum (Straßburg) bis zur großen Römersiedlung Augusta Raurica (beim heutigen Basel) reichte, ist unklar, gesichert scheint lediglich, dass das Bad vor allem Heilungssuchenden aus der direkten Umgebung diente.

Zum Eröffnungstag der Glashimmel am 21. September 2001 war in Badenweiler Römertracht Pflicht.

Die kulturhistorische Bedeutung der Ruine rührt vor allem auch daher, dass sich die damaligen Badeabläufe noch immer leicht ablesen lassen. So war alles streng nach Geschlechtern unterteilt, die Badenweiler-Therme deshalb eine Art achsensymmetrische Doppelanlage: Um zwei große Badebecken gruppierten sich jeweils Duschen, Wannen-, Schwitz- und Wechselbäder. Ruhe-, Massage- und Gymnastikzonen ergänzten das antike Wellness-Center.

VOM NOBELBAD ZUM STEINBRUCH

Am Ende des dritten nachchristlichen Jahrhunderts verließen die Römer vor den anstürmenden Germanen auch das Land am Oberrhein. Die Anlage begann zu verfallen, das Nobelbad wurde zum Steinbruch, besonders für die mittelalterliche Burg Baden, auf hohem Fels oberhalb des Kurparks noch immer imposantes Wahrzeichen über der Stadt. Erst in der ruinen- und antikenseligen Aufklärungszeit hat man die Reste wiederentdeckt und zugleich gerettet. 1784/85 erwies sich Badens Markgraf Karl Friedrich als erster Denkmalschützer seines Landes und ließ die größtenteils schon auf die Grundmauern abgetragene Ruine überdachen. Weitere Dächer folgten, das vorletzte 1952; es musste aber, wie die vorigen, den intensiven Witterungseinflüssen am Schwarzwaldsaum Tribut zollen.

EIN GLASDACH ALS GLÜCKSFALL

Nun erst, mit dem vierten Dach, scheint eine Lösung „für Generationen" gefunden. Eine gläserne Drei-Schalen-Konstruktion überspannt die 92m lange und 34m breite Badruine und macht sie ganzjährig begehbar. Ein architektonischer Glücksfall mit größter Transparenz und geringstem Materialverbrauch, ersonnen vom Stuttgarter Bauingenieurbüro Schlaich, das vor mehr als 30 Jahren schon wesentlich an der Verwirklichung des Münchener Olympiadachs beteiligt war.

Aus der Schutzhülle für eine der wichtigsten archäologischen Ausgrabungen in Baden-Württemberg ist jetzt schon eine so schützenswerte wie denkwürdige Architektur geworden, die Beispiel geben könnte für den künftigen architektonischen Umgang mit archäologischen Denkmälern. Die Ortspresse titelte zur Eröffnung am 22. September 2001 stolz: „Antike und Moderne im Einklang".

Die Überdachung bestimmt auch die Ausstellungsdidaktik. Den geschwungenen Steg zwischen den beiden Kopfenden der Anlage, von dem aus sich der ideale Einblick in die Ausgrabungen ergibt, definieren die Ausstellungsmacher als „Spannungsbogen" in Form einer um 90 Grad gedrehten, „schwingenden Gegenbewegung" zum Glasdach. Von diesem Steg ergeben sich erstaunliche Einblicke in das nicht nur ausgegrabene, sondern regelrecht renovierte Römerbad: Dank eines gänzlich neuen Dampfstrahlverfahrens wirkt die antike Anlage nun völlig entpatiniert, entromantisiert und irgendwie fast zeitgemäß.

Im Vordergrund eines der beiden großen, in seiner Substanz noch erstaunlich gut erhaltenen Warmwasserbecken.

Neueste Architektur und alte Badekultur in selbstverständlicher Harmonie. Zwei Meisterstücke.

Ansicht der römischen Thermenruine im Sommer 2000 vom Baukran aus. Die Verankerungen für das Glasgewölbe sind bereits zu erkennen.

Der didaktische Apparat, mit dem dies archäologische Ereignis reich versehen ist, lässt einen in der römischen Wellnesswelt nicht allein. Ein Modell des „Thermaltempels“ zu Badenweiler gibt Eindrücke von römischer Badarchitektur, eine Bauform, die in eleganterer, etwas „erleichterterer“ Form als Klassizismus gut 1700 Jahre später unter Friedrich Weinbrenner (1766–1826) Badens Nationalstil werden sollte.
Was wir auch immer über das Badwesen wissen wollen, wir erfahren es auf übersichtlichen Text- und Bildtafeln. Ein Blitzkurs etwa informiert über die Wasserkur von den Römern bis heute. Deutlich wird dabei, dass das römische Badwesen um 260 n. Chr. am Oberrhein, im Linksrheinischen aber erst während des 5. Jh. erlischt. Die Germanen allerdings haben die römischen Badanlagen nicht rundweg zerstört; so nutzten die Alamannen am Oberrhein zumindest die warmen und heißen Quellen weiter, was Funde belegen. Merowingerkönig Dagobert III. (699–715) schenkte zu

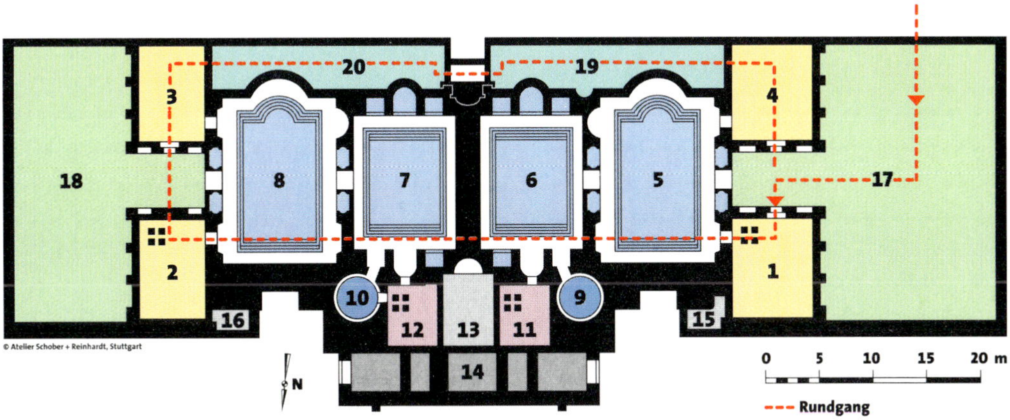

Schematischer Grundriss der römischen Badruine mit angedeutetem Besucherrundgang, für den zusätzliche Wanddurchbrüche geschaffen werden mussten, die in diesem Plan nicht dargestellt sind.

1–4 Auskleideräume | 5–8 Baderäume mit Wasserbecken für Thermalwasser | 9, 10 Kaltwasserbecken | 11, 12 Schwitzräume 13 Heizraum für Schwitzräume | 14 „Serviceräume" | 15, 16 Heizräume | 17, 18 Terrassen als Ruhezonen | 19, 20 Hofbereich
■ Fußboden- und Wandheizung

Beginn des 8. Jh. die heißen Quellen von Baden-Baden an das elsässische Kloster Weißenburg. Und gegen Ende jenes Jahrhunderts hat Karl der Große dann die Aachener Thermen gar restaurieren lassen, um sie mit Familie, Hofstaat und Gästen aufzusuchen. Die Tafel kommt schließlich aufs Mittelalter, wo sich die Wasserlust auf Badherbergen und Holzzuber reduziert. Erst mit dem 19. Jh. wusste man am Oberrhein wieder an die große römische Tradition anzuknüpfen, anfangs nur die gehobene Gesellschaft, aber, so immer noch unsere Tafel, heute stehen die Badanlagen „wieder wie einst in römischer Zeit der gesamten Bevölkerung offen."

Kurpark-Blickfänge oder optische Übergänge vom „Glaspalast" zum Kuppelbad.

GEFUNDEN UND ZUGESCHÜTTET: DIE VILLA URBANA IN HEITERSHEIM

Ein weiterer Beleg römischer Präsenz in dem schon sehr südlich wirkenden Markgräflerland ist die Villa urbana in Heitersheim. Das weite Feld hinter dem mächtigen Malteserschloss am Rand des Weinorts heißt im Volksmund „Scherbenäcker". Hier wurden bis zum Beginn des 20. Jh. undokumentiert römische Reste „geerntet": Tonscherben und noch verwendbares Baumaterial.

1811 findet diese römische Villa im südlichsten Zipfel Südwestdeutschlands zum ersten Mal Erwähnung. Der Heimatforscher Chr. Fecht zog einen direkten, wenn auch resignierten Vergleich zur Bauweise im nahen Badenweiler: „Während der Verwaltungszeit, als Heitersheim an Baden fiel, traf man oberhalb der Stadt gegen den Kastellberg auf ein sehr merkwürdiges, zusammenlaufendes Gestein, ganz nach dem Zuschnitt der Bäder in Badenweiler. Zu ängstliche Kostenscheu einiger Herren der Verwaltung hemmte die weitere Untersuchung. Das Gestein ward zusammen- und zugeworfen: Die Entdeckung starb in der Geburt."

Als 1975 in der Gegend um jenen „Römeracker" Grenzsteine gesetzt wurden, veranlasste das Landesdenkmalamt Untersuchungen, bei denen Bauabfolgen und ein beheizbarer Raum zum Vorschein kamen.

Grabungen, die auch das Interesse der Ortsbewohner fanden. Ein „Förderkreis zur Erhaltung der historischen Bauten und Denkmale der Malteserstadt Heitershausen e. V." entstand. Und 1979 wurde das Scherbenacker-Areal aus der landwirtschaftlichen Nutzung genommen und zum Grabungsschutzgebiet erklärt – fast 170 Jahre nach der Entdeckung.

Luftbildaufnahmen von 1989 gaben Aufschlüsse über die Dimension der einstigen römischen Anlage. Die folgenden Ausgrabungen (1991) machten dann klar, dass es sich bei den Heitersheimer Römerfunden um Reste einer „Villa urbana" handelt, insofern eine Sensation, als es der bisher einzig entdeckte Typus dieser Art am badischen Oberrhein ist.

Denn ländliche Streubauernhöfe oder Landgüter (Villae rusticae) gibt es in Baden-Württemberg zuhauf (ca. 1200). Sie bestanden im Wesentlichen aus Wohnhaus mit beheizbarem Bad, Ställen, Speichern und Lagern. Der „Villa urbana" liegt eine axiale Konstruktion zugrunde, sie entsteht nicht peu à peu durch immer neue Anbauten, sondern als planvolle Anlage. Ein solcher „Achsenhof" wurde dann durch eine Trennmauer in zwei voneinander unabhängige Bereiche geschieden, den landwirtschaftlichen Teil (pars rustica) und den städtischen (pars urbana). Letzterer hatte eine repräsentative Funktion, wie später etwa ein adliger Landsitz oder ein Lustschloss. Die Villa urbana war palastartig angelegt und kostbar ausgestattet. Zu ihrem Komplex gehörten auch Badgebäude, Sportstätte und Vorratsspeicher. Ein solches Anwesen wurde in der Regel nur wenige Wochen im Jahr genutzt, naturgemäß meist im Sommer.

Vom luxuriösen Leben im römischen Heitersheim zeugt auch diese rekonstruierte Brunnenfigur.

Schautafeln und Rekonstruktionen im Inneren des Heitersheimer Pavillons.

BESCHAULICHER TAGESABLAUF

Zur atmosphärischen Einstimmung auf das Leben in einem solchen Anwesen gibt eine Broschüre über die Heitersheimer Römervilla Briefauszüge des jüngeren Plinius (61–112 n. Chr.) wieder: „Du fragst mich, wie ich auf meiner Villa im Sommer den Tag einteile? Ich wache auf, wann es mir beliebt, meistens mit Tagesanbruch, oft früher ... die Fenster bleiben geschlossen, denn es ist zum Verwundern, wie durch die Stille und das Dunkel der Geist genährt wird ... Ich rufe meinen Schreiber, lasse das Tageslicht herein, diktiere ihm, was ich entworfen ... Um 10 oder 11 Uhr begebe ich mich ... in den Park oder in die Wandelhalle, überdenke das Übrige und diktiere es ... Auch gehe ich zuweilen auf die Jagd, doch nicht ohne Schreibtafel, um, wenn ich auch nichts erjage, doch etwas heimzubringen ... Der Abend wird mit abwechslungsreichen Gesprächen hingebracht, und selbst der längste Tag vergeht wie im Fluge."

Wer die Heitersheimer Villa an einem „goldenen" Oktobertag erlebt hat, eingebettet in die weite, sonnige Oberrheinebene mit den schützenden Schwarzwaldbergen dahinter, kann sich leicht vorstellen, dass so eine Stimmung auch hier, wo der Norden langsam zum Süden wird, geherrscht haben könnte.

AUSGESTATTET MIT EXKLUSIVEN MATERIALIEN

Man geht davon aus, dass die Villenanlage zur Zeit der größten Ausdehnung innerhalb ihrer Ummauerung 5,5 ha eingenommen hat, wobei auf den herrschaftlichen Wohnsitz mit seinem Garten allein 1,35 ha entfielen. Das von hier aus bewirtschaftete

Vorratsgefäße im Keller der römischen Villa urbana.

Land schätzt man auf mindestens 1000 ha. Vermutlich war die Heitersheimer Villa urbana über den Zeitraum von 30–250 n. Chr. in Betrieb. Gegen Ende des 2. Jh. n. Chr. noch einmal grundlegend umgestaltet, hatte der Gesamtbereich schließlich eine Grundfläche von gut 3000 m². Inwendig war alles von mediterranem Flair, wobei man auch teure Importe nicht gescheut hatte: Gelber und weißer Marmor, geschliffene Kalk- und Schieferplatten, Sandstein von der linken Rheinseite und gar grüner Porphyr aus Griechenland.

Vieles deutet darauf hin, dass die Villa um 250 niederbrannte. Die Ruine des Villenpalastes diente dann zur Merowingerzeit, zwischen 630 und 650, als Bestattungsplatz.

Seit Beginn der Ausgrabungen im Sommer 1991 gibt es auch das Forschungsprojekt „Villa urbana Heitersheim".

Um den Fundort dauerhaft zu sichern, entstand über dem Kernbereich des Villenhauptgebäudes ein gläserner Schutzbau, nicht unbedingt ein architektonischer Wurf wie die Glastonne über dem Römerbad in Badenweiler, aber dennoch kein störendes Element in dieser sensiblen Landschaft, eher, wie es die Archäologen hier nennen, eine Art „Großvitrine", die schon von weitem auf die ausgestellten Funde aufmerksam macht. Zu den be-

Noch gut erhalten: die Mauern des Kellers der Heitersheimer Römervilla.

merkenswerten Stücken gehören hierbei Münzen aus den Tagen der bewohnten Villa, also vom Beginn des ersten bis zum Ende des 3. Jh. n. Chr. sowie Tafelgeschirr („Terra Sigillata") noch aus der Zeit um 30 n. Chr. mit deutlichen Bezügen zur nahen Schweiz. Als „herausragenden Fund" bezeichnet der kleine Museumsführer das Fragment eines Parfumbehälters aus Alabaster vom östlichen Mittelmeer. Eine Preziose, die auf die hier einst herrschenden Vermögensverhältnisse schließen lässt.

Das Heitersheimer „Römermuseum", auf das mittlerweile sogar ein Autobahnschild verweist, liegt in unmittelbarer Nachbarschaft zum Malteserschloss (heute Heim der Barmherzigen Schwestern), das seine Ursprünge im 8. Jh. hat und unter anderem noch einige sehenswerte und gut renovierte barocke Elemente aufweist. Die stattliche Anlage wird vom gepflegten Schlossgarten aus am ehesten erfassbar und lohnt in jedem Fall noch den Besuch. Ein Tag also mit viel ausgegrabenem und aufgehendem Mauerwerk. Es empfiehlt sich, die kleine Reise beim Badenweilerer Kurhaus oberhalb des Römerbads zu beginnen. Die etwa halbstündige (ca. 20 km) Autofahrt führt über enge Sträßchen von Badenweiler nach Oberweiler in die Rheinebene durch schönstes Rebland und bekannte Weinorte: Britzingen, Oberdottingen, Dottingen schließlich in Richtung Heitersheim. Die „Glasvitrine" Römermuseum erscheint vor dem Ort und kann, so wie sie auf leicht ansteigendem Ackergelände mit dem Schloss als Hintergrund dasteht, nicht verfehlt werden.

Info

RÖMERMUSEUM HEITERSHEIM
Beim Malteserschloss | 79423 Heitersheim

Öffnungszeiten
April bis Okt. Di bis Sa 13–17, So, Fei 11–17 Uhr

Führungen
Anmeldungen und Informationen Tel. 07634|595347 oder tourist-info@heitersheim.de

Anreise
- **Mit dem Auto von Freiburg aus über die A5 Richtung Basel, Ausfahrt Bad Krozingen oder Müllheim.**
- **Mit der Bahn Strecke Freiburg–Basel, Bahnhof Heitersheim. Das Römermuseum liegt vom Bahnhof aus weit außerhalb. Hier empfiehlt sich ein Taxi.**

RÖMERBADRUINE BADENWEILER

Informationen
Rolf Schmid
Badenweiler Thermen und Touristik GmbH
Kaiserstraße 5 | 79410 Badenweiler
tel 07632|799100 | fax 07632|799115
www.badenweiler.de

Öffnungszeiten
Nov. bis März tgl. 10–17, April bis Okt. 10–19 Uhr

Anreise
- **Mit dem Auto von Freiburg aus auf der A5, Ausfahrt Müllheim.**
- **Mit der Bahn Strecke Freiburg–Basel, Bf Müllheim, dann weiter mit dem Bus nach Badenweiler.**

Ein Pavillon schützt das römische Erbe von Heitersheim.

Experiment im Zentrum

Eines der wichtigsten und bekanntesten archäologischen Versuchszentren Deutschlands liegt mitten in einem kleinen Waldstück bei Berlin. Seit über 25 Jahren werden hier in einem „pfostengetreu" rekonstruierten Dorf aus dem 12. Jh. Forschungen zu mittelalterlichen Handwerkstechniken, Lebensweise, Ackerbau und Viehzucht durchgeführt. Zweimal in der Woche öffnet diese außergewöhnliche Einrichtung ihre Pforten auch für Besucher.

Der Weg in das mittelalterliche Dorf führt durch einen kleinen Wald. Dabei kommt man an einer Hütte vorbei, die langsam am Zerfallen ist. Sie gehört zu den ersten in mittelalterlicher Weise errichteten Gebäuden auf dem Museumsgelände und dient ganz besonderen Zwecken: In einem Dauerversuch soll hier der Prozess des natürlichen Verfalls und schließlich die verbleibenden Spuren untersucht werden. Kurz hinter dem Versuchshaus liegt der Imkerstand. Honig und Wachs waren im Mittelalter sehr begehrt, weshalb die Bienenhaltung von vielen Bauern als lukrativer Nebenerwerb betrieben wurde.

Nach dem Imkerstand lichtet sich der Wald und gibt den Blick auf ein großes Feld frei. Hier wird die im Mittelalter übliche Dreifelderwirtschaft praktiziert: Ein Feldbereich, die Winterung, wird schon im Spätherbst mit Roggen besät; auf die Sommerung kommt im Frühjahr das Sommergetreide wie Gerste und Hafer und ein Teil, die so genannte Brache, bleibt ungenutzt und dient allenfalls den Schafen als Weide. Die Feldbelegung wird jedes Jahr gewechselt.

Das unmittelbar hinter dem Feld gelegene Museumsdorf wird durch eine große hölzerne Palisade geschützt. Diese umfasste einst eine etwa 85 m × 25 m große Fläche und hatte zwei gegenüberliegende zweiflügelige Tore. Der eigentliche Zweck dieser Umwehrung ist nicht überliefert. Manches spricht dafür, dass es hier vor Gründung des Dorfes im 12. Jh. einen bewachten Grenzübergang an einem in Spandau beginnenden, nach Süden führenden Handelsweg gab. Die hier vermutete Grenze trennte die Herrschaftsbereiche

Die Ausgrabungen erbrachten eine Vielzahl von Keramik mit spätslawischen und frühdeutschen Elementen. Mithilfe der experimentellen Archäologie wurden Herstellungsverfahren bei der Tonbearbeitung, Formgebung und mögliche Brennverfahren untersucht.

Luftbild des Museumsdorfes. Deutlich lassen die wieder aufgebauten Häuser die hufeisenförmige Anordnung der mittelalterlichen Siedlung erkennen.

des askanischen Markgrafen von Brandenburg und des sächsischen Markgrafen von Meißen. Nachdem – durch Änderung des Grenzverlaufs und der Straßenführung in Folge der Gründung Berlins – die befestigte Anlage nicht mehr benötigt wurde, siedelten sich im Schutze dieser Palisade Bauern an. Ihre Siedlung war eine der ersten, die im Zuge der im 12. Jh. beginnenden so genannten Ostkolonisation auf dem Teltow gegründet wurde. Sie bestand etwa bis 1230, die gerodeten Flächen wurden aber anscheinend weiter als Ackerflächen genutzt. Mindestens drei der insgesamt vierzehn Häuser waren baugleich. Sie hatten eine Grundfläche von ca. 7 m × 7 m. Ihre Wände bestanden aus Spaltbohlen und die Dächer waren vermutlich mit Rohr gedeckt, welches in der moorigen Gegend sehr verbreitet war. Die Türen befanden sich an der östlichen Seite. Bei den exakt auf den ergrabenen Grundrissen wieder aufgebauten Häusern handelt es sich jedoch nicht um Rekonstruktionen, sondern um sehr wahrscheinliche Modelle im Maßstab 1:1, die nach vergleichbaren Befunden von anderen Orten gebaut wurden.

BRUNNEN ZUR WASSERVERSORGUNG

Auf dem Gelände der mittelalterlichen Siedlung wurden insgesamt sechs Brunnen ergraben, von denen einer an Ort und Stelle wieder errichtet wurde. Die etwa 5 m tiefen Brunnenkästen waren so gut erhalten, dass nicht nur eine sichere Rekonstruktion, sondern auch eine Altersbestimmung mithilfe der Dendrochronologie möglich war. Danach entstand ein Exemplar um 1208.
Nach dem archäologischen Befund gab es auf dem Dorfplatz einen Backofen. Von der Ofenummantelung waren allerdings nur ein Stück der Tenne und einige gebrannte Lehmbrocken erhalten. Das Backhaus in Düppel wurde als Schwellenbau nach

Eine ungewöhnliche Vorgeschichte

Zufällig wurden um 1940 im Berliner Stadtteil Düppel mittelalterliche Siedlungsreste gefunden. Bei späteren Grabungen 1968 stieß man dann auf Spuren eines um 1200 entstandenen Dorfes. Aus den Plänen für den Wiederaufbau entwickelte sich bald eine viel weiter führende Idee: Man wollte diesen mit altem Handwerkzeug in alten Techniken gestalten. Zur Finanzierung dieses Projektes wurde 1975 der „Fördererkreis des Museumsdorfes Düppel e. V." gegründet. Die Zahl der Mitglieder wuchs schnell, und eine große Anzahl freiwilliger Helfer fand sich, um erste nach handwerklichen Bereichen ausgerichtete Arbeitsgruppen zu bilden. Inzwischen sind mehr als 25 Jahre vergangen. Laut Satzung des Vereins dient „das Museumsdorf der Darstellung ur- und frühgeschichtlicher Lebens- und Produktionsweisen in ihrer natürlichen Umgebung". Träger des Museumsdorfes ist das Stadtmuseum Berlin und der Verein soll dieses „insbesondere bei Aufbau, Erweiterung und Erhaltung des Dorfes sowie Erarbeitung wissenschaftlicher Erkenntnisse in Verbindung mit experimenteller Archäologie" unterstützen. Dies geschieht in den unterschiedlichsten Arbeitsgruppen, in denen die aktiven Mitglieder des Vereins unentgeltlich arbeiten, ganz nach dem viel zitierten Werbespruch von Adrian von Müller, dem Leiter der Grabung und Initiator des Fördererkreises: „Hier können Sie Mitglied werden und dürfen dafür umsonst arbeiten."

Ein Spaß für Jung und Alt sind die mittelalterlichen Spiele wie z. B. das Ringelstechen.

Zweimal in der Woche öffnet Düppel seine Pforten für Besucher. Schulführungen sind auf Anfrage jedoch auch außerhalb dieser Zeiten möglich. Hier versuchen sich die Schüler beim Wollespinnen und beim Kornmahlen mit der Handmühle.

einem Befund vom spätslawischen Burgwall in Berlin-Spandau errichtet.
Sechs bei den Ausgrabungen freigelegte konische Gruben mit einem zylindrischen Abschluss wurden als Teerschwelen gedeutet. Mithilfe der experimentellen Archäologie konnte diese Hypothese untermauert werden. Teer hatte eine große Bedeutung als Kittschäftungsmaterial, Klebstoff, Konservierungsmittel, Schmierstoff, und nicht zuletzt auch in der Medizin. Besonders wichtig war er auch für das Abdichten (Kalfatern) hölzerner Schiffsrümpfe. Jeden Sonntag werden den Besuchern die verschiedenen Herstellungsmethoden und Anwendungen des Holzteers erläutert, zuweilen finden auch Vorführungen statt.
Von den für die Produktion von Kleidung notwendigen Geräten konnten lediglich sechs tönerne Spinnwirtel gefunden werden. Webstühle und

In Düppel wurden die Häuser exakt auf den ergrabenen Grundrissen rekonstruiert. Hier vier Gebäude aus der linken Dorfhälfte.

Webbrettchen fehlen, vermutlich wurden sie von den Bauern bei ihrem Umzug mitgenommen.
Beim Rundgang sieht man alle für die Herstellung von Textilien notwendigen Arbeiten, vom Scheren der Schafe über das Spinnen mit der Handspindel oder dem Handspinnrad bis zum Weben auf dem Gewichts- , Rund- und Trittwebstuhl. Dass die so produzierte Ware tatsächlich auch tragbar war, beweist die komplett in Handarbeit und aus eigenen Materialien hergestellte historische Kleidung der „Dorfbewohner".
Nach dem archäologischen Befund gehörte zu jedem Haus ein abgezäuntes Grundstück, als Bauerngarten gedeutet. Im Museumsgarten werden mittelalterliche Kräuter und Gemüse angepflanzt. Beim Obst ist die große Anzahl altertümlicher Apfel- und Pflaumensorten hervorzuheben, u. a. der seit 1175 nachgewiesene Borsdorfer Apfel.
Die meisten im bäuerlichen Alltag benutzten Geräte waren aus Holz oder Eisen. Im Museumsdorf werden Produktion und Technik dieser Gerätschaften vorgeführt. Die im nördlichen Teil des Areals gelegene Schmiede wurde nach einer Abbildung aus einer Klosterhandschrift gebaut. Ob es im mittelalterlichen Dorf einen Schmied gab, ist jedoch unklar.

Zu einem mittelalterlichen Dorf gehören natürlich auch Tiere. Im Museumsdorf werden die genügsamen, ursprünglich aus Ostpreußen stammenden Schafe der „Skudde"-Rasse gezüchtet. Diese Tiere liefern auch die Wolle für die Textilarbeiten.
Bei den Schweinen ist es durch Rückzüchtung aus verschiedenen Rassen wie Wollschwein, Wildschwein, Veredeltes Landschwein und Rotbuntes Weideschwein gelungen, den Typus eines mittelalterlichen Weideschweins zu erhalten.
Am Ende des Rundgangs lohnt noch ein Blick in das Ausstellungshaus. Hier kann man sein Wissen zum Alltag im Mittelalter testen, Originalfunde aus der Grabung besichtigen und sich über die Ergebnisse der Arbeitsgruppen informieren.

Info

Museumsdorf Düppel | Clauertstraße 11
14163 Berlin (Zehlendorf)
tel 030|8026671 | www.dueppel.de

Öffnungszeiten
3. April bis 3. Okt. So und Fei 10–17 Uhr
(letzter Einlass 16 Uhr),
Do 15–19 Uhr (Einlass bis 18 Uhr)

Forschungsstätte zweier Länder

Im idyllischen Tal der Blies, auf beiden Seiten der deutsch-französischen Grenze liegt der „Europäische Kulturpark Bliesbruck-Reinheim". Zu den Attraktionen des archäologischen Parks mit Bauten aus keltischer und römischer Zeit gehört das mit kostbaren Beigaben ausgestattete Grab einer keltischen Fürstin.

Am Rande des Dorfes Reinheim entdeckte 1954 der Kiesgrubenbesitzer Schiel ein Bronzeobjekt, das sich bald als der Griff eines Spiegels aus der Frühlatènezeit herausstellte. Bei den darauf eingeleiteten Grabungen wurde eines der wissenschaftlich bedeutendsten Hügelgräber Mitteleuropas freigelegt. Auf französischer Seite, in Bliesbruck, hat man Ende der 60er- und Anfang der 70er-Jahre beim massiven Kiesabbau ganze Kalksteinmauern, Brunnen und zahlreiche Steinschächte den ökonomischen Interessen geopfert. Es war der Verdienst des ehrenamtlichen Bodendenkmalpflegers Prof. Jean Schaub († 2000), diesen Zerstörungsprozess gestoppt und die Fachleute für die archäologische Untersuchung der gesamten Fläche mobilisiert zu haben. Nach kurzer Zeit war deutlich, dass es sich bei den ergrabenen Baubefunden um die Ruinen eines römischen „vicus" handelte.
Diese Überreste einer gallo-römischen Ortschaft bilden gemeinsam mit den 1987 ausgegrabenen Fundamenten einer palastartigen Villenanlage in Reinheim und dem begehbaren Modell des Fürstinnengrabes die Basis für den „Europäischen Kulturpark Bliesbruck-Reinheim".

Anfang September 2000 wurde im Nebengebäude der Villa von Reinheim diese römische Reitermaske aus dem 1./2. Jh. n. Chr. entdeckt. In der Stirnmitte befand sich ein Scharnier, das die Maske mit dem verloren gegangenen Hinterhaupthelm verband.

FUNDMATERIAL AUS ALLEN ZEITEN

Den offiziellen Eingang zum „Europäischen Kulturpark" wird zukünftig ein Museum mit Forschungszentrum bilden, das auf der territorialen Grenze zwischen Deutschland und Frankreich errichtet werden soll. Bislang ist der Park sowohl von deutscher als auch französischer Seite zugänglich.
Eine kleine, repräsentative Auswahl des Fundmaterials aus Bliesbruck und Reinheim ist in einem Informationsgebäude auf der Reinheimer Seite ausgestellt, darunter das Inventar eines Hortfundes aus der Spätbronzezeit, eine Theatermaske und das Visier eines Reiterhelms. Auch Rekonstruktionen einer Eisenschmiede sowie einer Bronzewerkstatt sind zu sehen. Ein Landschaftsmodell im Maßstab 1:1000, auf dem „vicus" und Villenanlage dargestellt sind, zeigt die Siedlungskammer zu Anfang des 3. Jh. n. Chr.
Die ersten Anzeichen einer menschlichen Besiedlung finden sich in Reinheim seit dem Mesolithikum. Eine durchgehende Siedlungskontinuität

Zu den Highlights im Europäischen Kulturpark Bliesbruck-Reinheim gehört die gallo-römische Villenanlage von Reinheim. Im Hintergrund die rekonstruierten Grabhügel der keltischen Nekropole mit einem begehbaren Modell des Fürstinnengrabes.

besteht – nach Grab- und Einzelfunden zu urteilen – offenbar seit dem Ende der späten Bronzezeit auf dem Gelände des Europäischen Kulturparks. Von der späten Urnenfelderzeit bis in die Spätantike wurde das Areal immer wieder als Bestattungsplatz genutzt. Zu den berühmtesten und schönsten Fundkomplexen in ganz Mitteleuropa zählt das frühlatènezeitliche Fürstinnengrab von Reinheim. Unter einem mächtigen, 4,60 m hohen Grabhügel mit 23 m Durchmesser war in einer hölzernen Grabkammer eine Frau, offensichtlich Angehörige der lokalen Oberschicht, um 400 v. Chr. bestattet worden. Um den Hals trug die Verstorbene einen qualitativ hochwertigen Goldtorques mit figural verzierten Enden, am rechten Handgelenk einen nicht weniger kunstvoll gearbeiteten Goldarmreif und am linken Unterarm drei weitere Ringe aus Gold, Glas und einheimischer Kohle. Das nicht erhalten gebliebene Gewand der „Fürstin" wurde durch bronzene und goldene Fibeln mit Koralleneinlagen zusammengehalten. Zu den zahlreichen Grabbeigaben gehört auch ein Trinkservice mit einer bronzenen Röhrenkanne, die zu den prachtvollsten Meisterwerken keltischen Kunsthandwerks zählt. Dieser einmalige Grabbefund ist in einer Rekonstruktion des Hügels mit begehbarer Grabkammer zu besichtigen. Dabei wurde die Grablege der „keltischen Fürstin" in einer effektvoll beleuchteten Glasvitrine ausgesprochen realistisch nachgestellt.

Ein weiteres Highlight des archäologischen Parks sind die Ausgrabungen der Villa von Reinheim. Die aus Hauptgebäude und Hofareal bestehende Anlage umfasst etwa 6 ha. Informationstafeln liefern Angaben über das vermutete Aussehen des Komplexes. Im Verlauf ihrer 350-jährigen Geschichte wurde die Villenanlage mehrmals baulich verändert, ihre größte Ausdehnung hatte sie am Anfang des 3. Jh. Das 80 m × 62 m große Hauptgebäude besteht aus einem rechteckigen Mitteltrakt und zwei flankierenden Flügelbauten. Der private Bereich des Villeneigentümers lag im Westflügel. Er gliedert sich in Wohntrakt, Badeanlage und Keller. Ein 40 m langes und fast 3 m breites Wasserbecken zierte die Nordfront des Hauptgebäudes. Die noch erhaltenen Originalteile des Beckens wurden im Boden belassen. Im Anschluss an das Hauptgebäude erstreckt sich das von einer Mauer

Deutsch-französisches Projekt

Der Archäologiepark Bliesbruck-Reinheim ist eine Kooperation des Départements Moselle und des Saarpfalz-Kreises mit der Gemeinde Gersheim, dem Staatlichen Konservatoramt des Saarlandes und der Stiftung Europäischer Kulturpark. Das Areal wurde von der Pariser Architektengruppe BLESA entworfen.

Die rekonstruierte Grabkammer der keltischen Fürstin aus Reinheim. Im Hintergrund das Trinkgeschirr mit bronzener Röhrenkanne, ein Meisterwerk keltischen Kunsthandwerks.

Die Schutzkonstruktion über den Thermen des Vicus Bliesbruck. Bei diesem Bau kamen weitgehend naturbelassene Materialien wie Kupfer, Holz und Rohbeton zum Einsatz.

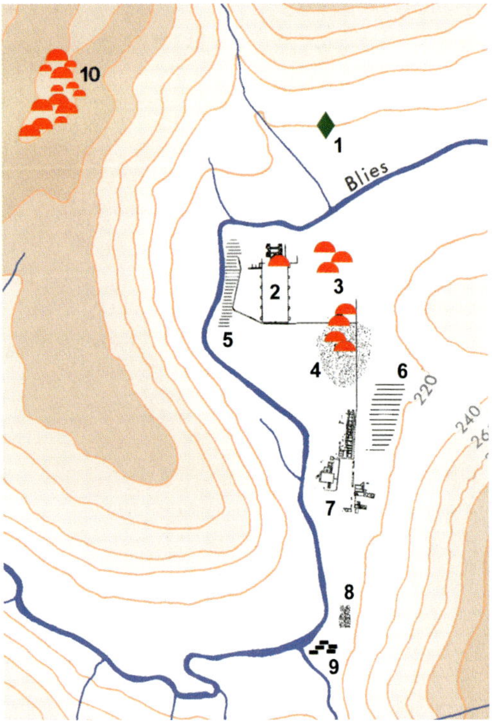

Gesamtplan Europäischer Kulturpark Bliesbruck-Reinheim
1 Spätbronzezeitlicher Hortfund | 2 römische Villa Reinheim
3 späthallstatt- bis mittellatènezeitliche Bestattungszone mit Grabhügeln | 4 römischer Friedhof | 5/6 hallstatt-frühlatènezeitliche Siedlungsareale | 7 römischer vicus | 8 römischer Friedhof
9 merowingerzeitlicher Friedhof | 10 Reinheim, „Bannholz", hallstattzeitliche Grabhügelgruppe.

umgrenzte Hofareal, das in Ost-West-Ausdehnung etwa 135 m und in Nord-Süd-Richtung ca. 300 m umfasst. Vermutlich standen auf jeder Seite sechs Nebengebäude, die als Wohn- und Arbeitsstätten dienten. Ob es eine Verbindung zwischen Hauptgebäude und Hofareal gab, lässt sich nicht mehr klären, da an dieser Stelle eine bis vor kurzem noch im Betrieb befindliche Kiesgrube größere Teile der Befundsituation zerstört hat. In der Mitte der Südseite befindet sich ein viereckiges Torhaus. Alle Teile der Villa können auf markierten Wegen erreicht werden. Neben der Villa liegt eine kleinere Teichanlage. Hier befand sich die aus mehreren keltischen Tumulusgräbern bestehende Nekropole mit dem Grabhügel der „Fürstin von Reinheim". Bei dem römischen vicus von Bliesbruck handelte es sich, nach der Befundsituation und den Altfunden zu schließen, um eine bedeutende, zwischen dem 1. und dem 5. Jh. n. Chr. bewohnte Ansiedlung. Sie besaß städtische Merkmale und umfasste ein Areal von mehreren Dutzend Hektar. Die Hauptachse (N–S) und ehemalige Hauptstraße des vicus verläuft unter der heutigen Landstraße, welche die Ortschaften Bliesbruck und Reinheim verbindet. Mehrere Siedlungsbereiche konnten im Verlauf der Ausgrabungen freigelegt werden, so etwa ein Handwerker- und Händlerviertel, eine Badeanlage, Teile eines Marktplatzes sowie zahlreiche Gruben und Schächte. Etwa 20 Brandgräber aus der Römerzeit, die auf dem Gelände des ehemaligen Bahnhofes Bliesbruck im Sommer 1997 entdeckt worden waren, lassen eine zur

Siedlung gehörende Nekropole erkennen. Die bislang untersuchten Streifenhäuser des nördlichen Stadtteils sind aus Kalkstein errichtet und besitzen in der Regel neben einem Keller auch ein oder mehrere mit Fußbodenheizung ausgestattete Wohnräume. Ein Innenhof diente als Werkstatt. Zur Straße hin befanden sich Geschäftsräume. Ein Portikus an der Straßenseite ergänzte die Hausarchitektur.

Gegen Ende des ersten nachchristlichen Jahrhunderts hielt der Luxus Einzug in die gallo-römische Siedlung. Mit der Errichtung von Thermen an der Westseite des zentral gelegenen Marktplatzes bekam der kleine Ort nun einen städtischen Charakter. Die Anlage verfügte neben dem aus Umkleideraum, Kalt-, Lau- und Warmwasserbecken bestehenden Badbereich auch über Räumlichkeiten für die intellektuelle und kulturelle Betätigung. Die öffentliche Toilette befand sich an der Südseite. Ein Gebäude im Norden, in dem Ladenwerkstätten untergebracht waren, bildet die Verlängerung des Badekomplexes. Heute werden die Originalbefunde der Thermen unter einer aufwändig gestalteten Schutzkonstruktion präsentiert. Dabei bewegen sich die Besucher auf Stegen, die an der Dachkonstruktion über den Baubefunden aufgehängt sind. Der 1989 gegründete archäologische Park ist ein gelungenes Beispiel für ein grenzübergreifendes Projekt, das den europäischen Gedanken im wahrsten Sinne verkörpert. Auch für den Besucher des Parks ist die Nationalgrenze an dem Ort, wo sich einst Kelten und Römer vor über 2000 Jahren begegneten, nicht mehr spürbar.

Im Rahmen der Aktion „vita romana", die traditionsgemäß am letzten Wochenende im Juni stattfindet, wird den Besuchern das Alltagsleben in der römischen Kaiserzeit vermittelt.

Info

Französische Seite:

Parc Archéologique Européen Bliesbruck-Reinheim
1, rue Robert Schuman | F-57200 Bliesbruck
tel ++33(0)387 02|2579 | fax 2480
www.archeo57.com

Deutsche Seite:

Europäischer Kulturpark Bliesbruck-Reinheim | Robert-Schuman-Straße 2 | D-66453 Gersheim-Reinheim
tel 06843|900211 | fax 06843|900225
www.europaeischer-kulturpark.de

Öffnungszeiten

15. März bis 31. Okt. tgl. 10–18 Uhr

Anreise

- **Aus Richtung Mannheim auf der A6 Richtung Saarbrücken bis Autobahnkreuz Neunkirchen, dann A8 Richtung Zweibrücken, anschließend Ausfahrt Einöd, danach Richtung Blieskastel/Gersheim, ab Gersheim den braunen Wegweisern „Europäischer Kulturpark Bliesbruck-Reinheim" folgen.**

Besondere Angebote

Neben Workshops, Projektwochen und Schulprogrammen finden jedes Jahr über die Saison verteilt verschiedene thematisch orientierte Veranstaltungen statt. Am populärsten ist sicherlich die „Vita Romana", die zu Beginn des Sommers (im Jahr 2004 am 26. und 27. Juni) über zwei Tage gallorömisches Alltagsleben zeigt.

Bronzezeit und Grauburgunder

Die rund 10 km nördlich von Meißen in einer Elbschleife gelegenen Weindörfer Diesbar und Seußlitz gehören zu den attraktivsten Touristenzielen in Sachsen. Den meisten von der romantischen Landschaft und dem Wein angezogenen Besucher dürfte dabei verborgen sein, dass sie sich inmitten eines der bedeutendsten Ensembles vorgeschichtlicher Befestigungen in Deutschland befinden.

Drei große bronzezeitliche Wallanlagen bewachen hier auf engstem Raum die „Raue Furt", eine einst bei niedrigem Elbpegel mit dem Pferd durchquerbare Untiefe. Zusammen sicherten sie wichtige Fernhandelswege. Die Wallanlage auf dem Göhrischfels am westlichen Elbufer und sein östlicher Zwilling, der Löbsaler Burgberg, werden dabei von den Ausmaßen der dritten Burg, der „Goldkuppe", in jeder Beziehung übertroffen. Sie liegt auf einem 18 ha großen Plateau, das von drei Seiten durch natürliche Steilabhänge geschützt und nur von einer Seite her zugänglich war. Im Norden wird die Hochfläche durch ein tief eingeschnittenes Bachtal, den „Seußlitzer Grund" begrenzt. Trotzdem ist dort auf mehr als 1 km Länge ein noch bis zu 10 m hoher Wall erkennbar. An der verwundbarsten Stelle im Osten, dort, wo der Sporn in die angrenzende Hochfläche mündet, türmt sich die Befestigung zu einem Sperrwall auf, der so wuchtig ist, dass er von den Anwohnern einst als eigenständiger Berg betrachtet und Goldkuppe genannt wurde. Mit 50 m Breite ragt diese

Das 18 ha große Plateau der Goldkuppe aus der Luft. Links im Vordergrund das Seußlitzer Schloss.

nach über 3000 Jahren immer noch 18 m hoch über einen davor liegenden breiten flachen Graben. Kurz hinter diesem Bollwerk am Elbhang lag vermutlich der ursprüngliche Burgzugang. Dieser hatte, wie beim gegenüberliegenden Göhrischfelsen, leicht versetze Torwangen; sie zwangen den Angreifer, sich mit seiner unbeschützten Schwertseite dem Tor zu nähern. Leider ist die ursprüngliche Torsituation durch den intensiven Weinanbau am Hang und den heutigen Zugangsweg, der den Wall durchsticht, verändert. Dank dieses Schnittes ist aber über Aufbau und Alter des Walles relativ viel bekannt. Verkohlte Balkenlagen und verziegelter Lehm zeigen die für die Vorgeschichte typische Wallkonstruktion an, ein Fachwerk aus mit Erde gefüllten Holzkästen. Diese Bautechnik war sehr robust, hatte aber auch den Nachteil der Feueranfälligkeit. Im angeschnittenen Wallkörper sind auch heute noch Brandspuren von einer Feuersbrunst, der der Wall einst zum Opfer fiel, zu erkennen. Der aufmerksame Besucher wird ebenfalls im Wall einen Hohlraum entdecken, der sieben vollständig erhaltene Keramikgefäße enthielt, vermutlich ein „Bauopfer" aus der Zeit um 1200 v. Chr. Funde von der jetzt als Weingarten genutzten Innenfläche der Burg stammen mehrheitlich aus dieser Zeit. Sie zeigen aber auch, dass die Burg bis zum Ende der Bronzezeit, um 800 v. Chr., weiterbestand.

HERRLICHER BLICK VOM „BÖSEN BRUDER"

Doch damit sind die Besonderheiten dieser Befestigung nicht erschöpft. Denn wer durch den nördlichen Hangwald am Wall entlangwandert, wird hier eine im „Eckholz" gelegene Quellmulde entdecken. Es wird vermutet, dass es sich dabei um das Wasserreservoir der Burg gehandelt hat. An der Westspitze der Wallanlage wurde ein kleiner, mittelalterlicher Turmhügel, die Heinrichsburg, aus dem Wallkörper geformt.
Wer auf dem Bergsporn elbseitig den Weg zum Eingang zurückwandert und gebührenden Abstand zu den gefährlichen Felsklippen hält, wird mit einem atemberaubend schönen Blick von dem „Böser Bruder" genannten Steilhang über das Elbtal belohnt. Zudem kann man von hier die Wallanlage am Göhrischfels sehen. Dieses Areal war ebenso wie der direkt gegenüberliegende Löbsaler Burgberg seit der Frühbronzezeit (um 2000 v. Chr.) besiedelt. Auch diese zwei Burgen hatte man in der Spätbronzezeit mit imponierenden Holz-Erde-Wällen umgeben. Die Goldkuppe aber zeugt mit ihrer für Verteidigungszwecke völlig überdimensionierten Wallbefestigung, wohl dem mächtigsten vorgeschichtlichen Bauwerk Mitteleuropas, von Imponiergehabe und Machtrepräsentation einer überregional agierenden Elite. Damit zwingt dieses Bauwerk zur Korrektur der weit verbreiteten Vorstellung von den einfach strukturierten Gemeinschaften der Vorgeschichte.

Blick von der Innenfläche, die heute als Weingarten genutzt wird, auf den Wall.

Info

Touristinformation Diesbar-Seußlitz
An der Weinstraße 1a | 01612 Diesbar-Seußlitz
tel 035267|50909, 50249, 50225
fax 035267|50998

Der Löbsaler Burgberg ist durch einen Archäologischen Wanderweg von Diesbar aus erschlossen. Wer den Göhrisch besichtigen will, nimmt die Fähre von Seußlitz nach Niederlommatzsch.

Anreise

- **Mit dem Auto:**
  A13 Berlin–Dresden, Abfahrt 13/Radeburg, Richtung Meißen. In Meißen B101 Richtung Nossen, am östlichen Elbufer über Zadel, Kleinzadel, Nieschütz und Diesbar bis Seußlitz. Parkmöglichkeit unterhalb des Schlosses. Am Schlossteich steiler Fußweg über barockes Gartenhaus zur Nordwestspitze der Anlage.
  Die Goldkuppe ist auch über den Seußlitzer Grund, erste Abfahrt rechts, am Hang entlang durch den Wald erreichbar.
- **Mit der Bahn:**
  Von Dresden mit der S1 nach Meißen, dann Buslinie 407 bis Seußlitz.

Eberdingen-Hochdorf: Keltenmuseum

Mit Prunk ins Jenseits

Wer von Stuttgart auf der B10 nach Nordwesten fährt und zwischen Schwieberdingen und Schönbühlhof einen kurzen Blick nach links riskiert, wird bei klarem Wetter eine vollendet geformte Halbkugel als auffällige Geländemarke entdecken: den rekonstruierten frühkeltischen Fürstenhügel von Hochdorf.

Heute wölbt er sich wieder 6 m hoch an seiner ursprünglichen Stätte empor. Den Hügelfuß markiert ein Steinkreis mit senkrecht eingelassenen Holzpfosten, auf der Kuppe steht eine abstrakte Steinstele. Von dort aus sieht man zum Hohenasperg, wie es die Erbauer des mächtigen Grabmonuments sicher beabsichtigt haben. Dieser Zeugenberg im fruchtbaren „Langen Feld“ war damals Sitz einer einflussreichen keltischen Dynastie.

Das frühkeltische Prunkgrab gehört zu einem Ensemble reich ausgestatteter eisenzeitlicher Grabhügel vor allem im Süden und Südwesten des Hohenasperg. Sie lassen meist nur spärliche Aussagen über ihren einstigen Beigabenreichtum zu. Viele sind bereits der Goldgier antiker Grabräuber zum Opfer gefallen, andere hat man im 19. Jh. ausgegraben und nur mangelhaft dokumentiert. Dagegen ist das Fürstengrab von Hochdorf ein Glücksfall. Seine Entdeckung verdankt es einer ehrenamtlichen Mitarbeiterin der Archäologischen Denkmalpflege, die schon früh die „Künstlichkeit“ der nur noch flachen Geländeerhebung postulierte.

Beackerung und Erosion hatten das einst mächtige Grabmonument bis auf 1,5 m eingeebnet.

Was die 1978 eingeleitete Ausgrabung unter dem flachen Erdhügel zutage förderte, war so spektakulär, dass die Presse schon bald von einer archäologischen Sensation sprach. 1985 wurden die Hochdorfer Ergebnisse zunächst in Stuttgart, dann auch in Köln und Paris präsentiert. 1991 eröffnete das Keltenmuseum unmittelbar bei der Fundstätte, wenige Jahre später wurde es um einen Freilichtbereich ergänzt. Schon äußerlich macht der Museumsbau den Bezug zum Grabmonument deutlich: Ein hoher Metallbogen vor der Eingangsfront greift die Dimension des Hügels auf; die dahinter liegende Wand zeigt die verschiedenen Aufschüttungsphasen. Innen gelangt man vom Foyer aus über eine Rampe zunächst zur Rekonstruktion einer Flächengrabung. Dieses Modell zeigt, dass der Erkenntniswert einer Ausgrabung nicht allein auf dem Einsatz technischen Geräts beruht, sondern vor allem auf sorgfältiger Beachtung geringster Spuren im Boden. Auf dem Rundgang folgt nun eine Einheit mit Grunddaten zur Geschichte der frühen Kelten. Dann aber trifft man auf den Fürsten selber: In einem kleinen separaten Raum ist sein Skelett gebettet, darüber erscheinen seine aufgrund anthropologischer Untersuchungen re-

Makellos rund ragt der rekonstruierte Grabhügel heute als Landmarke aus dem Gelände. Das geschulte Auge einer ehrenamtlichen Mitarbeiterin erkannte in einer flachen Geländewelle die Überreste des vormals 6 m hohen Fürstenhügels.

konstruierten Gesichtszüge. Der folgende Bereich ist ganz dem Hochdorfer Grab gewidmet und erläutert Geschichte, Untersuchung und Bergung dieses außergewöhnlichen Fundkomplexes.

KONSERVIERT INS JENSEITS

Unter der Hügelschüttung lag, durch eine Konstruktion aus Eichenbalken und Steinen geschützt, eine doppelte hölzerne Grabkammer. Darin war ein Angehöriger der frühkeltischen Fürstenschicht mit allen Zeichen seines Standes, aber auch mit alltäglichen Gerätschaften und persönlichem Besitz beigesetzt worden. Die Untersuchung des Fundbestandes und der Befunde ergab, dass dieses Grab erst nach dem Tod des Keltenfürsten angelegt worden war. Sein Leichnam muss also konserviert worden sein, bis der Bestattungsplatz gewählt, Holz und Steine herbeigeschafft und bearbeitet waren und vor allem die eigens für das Jenseits gedachte Ausstattung mit Gold, Bronze und Bernstein an Ort und Stelle angefertigt war.

SCHUTZ VOR EINDRINGLINGEN

Vor Untersuchung der Grabkammer mussten etwa 50 t Steine gezeichnet und entfernt werden. Mit längs und quer verlegten Eichenhölzern, die nur in Spuren erhalten blieben, sollten sie das Grab vor unbefugten Eindringlingen schützen. Unter dem gewaltigen Druck dieser Massen haben die Kammerdecken schon früh nachgegeben und sind eingebrochen. Das hat eine Beraubung des Grabes verhindert, allerdings auch die meisten Beigaben bis auf wenige Zentimeter zusammengedrückt. Dennoch waren ihre Funktion und ihr Aussehen noch gut erkennbar.
Außergewöhnlich im Vergleich mit anderen Ausstattungen frühkeltischer Prunkgräber ist eine Bronzeliege, auf die man den Fürsten zur letzten Ruhe gebettet hatte. Die Rückenlehne dieser so genannten Kline geht in anmutig geschwungene Seitenteile über und ist mit Darstellungen von Wagenfahrten und Schwerttänzen in Punztechnik geschmückt. Acht bronzene Frauenfiguren, auf eisenbeschlagene Rädchen montiert und mit Eisenstreben verbunden, tragen auf erhobenen Armen die Sitzfläche. Üppige Auflagen aus Hanfbast und

Originalgetreue Nachbildung bedingt intensive Analyse der prähistorischen Techniken. Die „hallstattzeitliche" Behandlung von Eisen, neben Gold und Bronze damals das kostbarste Metall, erforderte die ganze Kunstfertigkeit des modernen Schmieds.

Herdstelle im Inneren eines Hauses.

gewobenem Dachshaar sowie Dachsfelle und ein Kopfkissen aus geflochtenen, halbierten Grashalmen polsterten Liege- und Rückenfläche, über die ein bunt kariertes Tuch gebreitet war. Reste dieser textilen Gewebe waren schon während der Grabung gut zu erkennen.

INSIGNIEN VON RANG UND WÜRDE

Der Tote war in prächtige Tücher gehüllt. Oberhalb seines Kopfes lag ein konisch geformter Hut aus verzierter Birkenrinde, darin und daneben lagen ein mit Stoff umwickeltes Rasiermesser und zwei hölzerne Kämme. Geschmückt war der Kelte mit einem goldenen Halsreif, dem Zeichen seines Rangs; auf der Brust steckten zwei goldene Schlangenfibeln, sein rechtes Handgelenk umschloss ein breiter goldener Armreif. Auf Gürtel und Dolch, ja sogar auf seine Schuhe hatte man verziertes Goldblech aufgebracht. Am Hals trug er fünf Bernsteinperlen, die ihm sicher als Amulett mitgegeben worden waren. Ein Stofftäschchen mit bronzeverzierter Lederschnalle enthielt persönliche Dinge: Drei mit Pferdeschweifhaaren umwickelte eiserne Angelhaken für große Fische, ein kleines Eisenmesser und ein schön gearbeiteter Nagelschneider. Des Fürsten Vorliebe für die Jagd bezeugen ein fellbezogener Köcher mit 13 eisernen sowie einer sorgfältig aus Bronze gegossenen Pfeilspitze. Außer dem goldenen Halsring, den er als Angehöriger der Fürstenschicht wohl stets getragen hat, ist die goldene Ausstattung des Kelten erst am Grab gefertigt worden. Dieser Befund sowie die Fülle der Goldgegenstände sind nördlich der Alpen bisher einzigartig.

Im untersten Museumsbereich eröffnet sich dem Besucher der Höhepunkt der Ausstellung. Ausrichter und Teilnehmer der Begräbnisfeier waren sich sicher: So sollte es sein; dies ist dem Toten würdig!

DAS GETRÄNK DER GÖTTER IM BRONZEKESSEL

Zu Füßen der Kline stand auf einem Holzgestell ein riesiger, aus einem Stück getriebener Bronzekessel, der 500 Liter fasste. Er war mit drei Bronzelöwen verziert, die sich nicht in ihrer Haltung, aber desto mehr in ihrer Ausführung unterscheiden. Zwei stammen aus einer griechischen Kolonie Unteritaliens. Sie sind naturgetreu, aber doch recht nachlässig gegossen und teilweise repariert. Der dritte Löwe, deutlich später entstanden, besticht dagegen durch fast abstrakte Formgebung und fehlerlosen Guss. Offenbar ist das ursprünglich dritte Exemplar verloren gegangen, sodass sich ein einheimischer Handwerker an eine Kopie wagte und seiner eigenen künstlerischen Auffassung folgte. Die Analyse der botanischen Reste, die man auf dem Kesselboden noch fand, ließ auf rund 150 kg Honig aus nahezu 100 verschiedenen Pollenarten schließen. Also hatte der Fürst keinen griechischen Wein mit auf den Weg bekommen, der damals schon in großen Amphoren zum Asperg gelangte, sondern das traditionelle Getränk Honigmet.

EINZIGARTIGER WAGENFUND

Erstmals ließ sich in einem Grab der späten Hallstattzeit auch ein Wagen mit montierter Deichsel nachweisen. Er war vierrädrig und 4,5 m lang, die

Die nachgestellte frühkeltische Schmiede führt den Museumsbesuchern den hohen Standard damaliger Handwerker vor Augen. Sie hatten durchaus den südlichen Hochkulturen vergleichbare Exportgüter zu bieten.

Schmalseiten des Wagenkastens, Felgen, Speichen und Naben sowie die Deichsel bedeckten verzierte Eisenbleche. Zusätzlich schmückten halbkugelförmige Eisenknöpfchen die Ecken und Oberkanten des Wagenkastens. Auf dem Wagen stand ein neunteiliger Satz Bronzeteller und -henkelbecken. Eine große eiserne Axt, ein Messer, ein Spieß und ein Gerät aus Hirschgeweih, die ebenfalls auf dem Wagen deponiert waren, werden als Metzgergeräte gedeutet.
Von den Pferden, die den Wagen dereinst zogen, ist ihr aufwändiges Zaumzeug mit in das Grab gekommen.

Der zerdrückte Bronzekessel, wie die Ausgräber ihn antrafen, und was die Restauratoren daraus machten. Er war zu drei Vierteln mit Honigmet gefüllt und mit Tüchern bedeckt. Obenauf lag eine goldene Schöpfschale.

Die in alter Technik von Hand nachgebaute Kline. Besonders schön ist die Dekoration der Rückenlehne.

HANDWERK UND LUXUS IM DORF

Welche Einzelheiten die Untersuchung des Grabes sonst noch erbracht hat, wird im anschließenden Museumsbereich deutlich, wo die Ergebnisse der naturwissenschaftlichen Analysen vorgestellt werden. Ein eigener Raum ist den Funden und Befunden der keltischen Siedlung in Hochdorf gewidmet. Bei der Ausschachtung für den Museumsbau stieß man nämlich auf Spuren einer latènezeitlichen Siedlung, die in einer vierjährigen Kampagne vollständig untersucht werden konnte. Die Struktur dieses Dorfes lässt eine planmäßige Anordnung erkennen. Alle Gebäude innerhalb der verschiedenen, von Zäunen umgebenen Gehöfte, mit Grubenhütten, Erdkellern, auf Pfosten ruhenden Speicherbauten und großräumigen Wohnhäusern, waren rechtwinklig ausgerichtet. Die Anordnung der Siedlungseinheiten und die Funktion der unterschiedlich großen Grubenhäuser, die überwiegend der Textilproduktion dienten, unterscheidet sich deutlich von vergleichbaren Niederlassungen jener Zeit.

Im Freilichtbereich wurden Bauten eines keltischen Gehöfts rekonstruiert.

Dass diesem Dorf besondere Bedeutung zukam, belegt auch das Fundspektrum, zu dem neben handgemachten Tongefäßen erstaunlicherweise auch Luxusgüter aus dem Süden gehören. Sie zeigen, dass der Kontakt zum Mittelmeerraum nicht nur an den Fürstensitzen seinen Niederschlag fand. So stammen aus der Hochdorfer Siedlung zahlreiche Scherben rotfiguriger attischer Trinkschalen sowie eine bronzene Feinwaage, die zum Wiegen von Münzen und Edelmetallen diente. Sie ist die älteste, die man nördlich der Alpen bisher kennt. Diese außergewöhnlichen Funde heben das Dorf über den Status einer einfachen Landsiedlung hinaus.Die Vermutung, es handle sich hier um den Landsitz des nahe bestatteten Fürsten, musste allerdings verworfen werden, denn sie ist etwa 150 Jahre jünger als das Fürstengrab!

Eine Ebene tiefer glaubt sich der Besucher in eine andere Welt zurückversetzt: Es scheint, als habe ein keltischer Schmied soeben seine Werkstatt verlassen. Ohne die sorgfältige Restaurierung der Funde und genaue Untersuchung des verwendeten Materials wäre dieses Museum um Wesentliches ärmer. Die Erkenntnisse der archäologischen, naturwissenschaftlichen und restauratorischen Analysen machten es möglich, die Zusammensetzung der verwendeten Metalle und Buntmetalle zu ermitteln und die alten Werkzeuge nachzubilden.

Ein hoher Metallbogen vor der Eingangsfront des Museums soll den Bezug zum Grabmonument verdeutlichen.

Der in Griechenland oder einer griechischen Kolonie Süditaliens gegossene Bronzelöwe wirkt lebendig im Ausdruck, aber handwerklich ist er nachlässig gearbeitet. Dagegen prägt eigenes Stilempfinden die sorgfältige Arbeit eines keltischen Künstlers.

In jahrelangen Versuchen gelang es, die Bronzeliege, die eisernen Beschläge des Wagens, die Bronzegefäße, Zaumzeug, Speisegeschirr und das große Trinkhorn mit originalgetreuen Hämmern und Punzen nachzuschmieden. Die Herstellung einer zuverlässigen Bronzereplik des Kessels dagegen scheiterte. Vielleicht war er doch nicht aus einem einzigen Rohling getrieben, sondern im Wachsausschmelzverfahren in Originalgröße gegossen worden. Doch diese Technik beherrscht heute wohl niemand mehr. Der gezeigte Kessel besteht aus mehreren zusammengefügten Bronzeelementen.

VOM KELTENFÜRST ZUM KELTENGEHÖFT

Wie am Fundort, so ist auch im Museum die doppelte Grabkammer in den Untergrund eingetieft. Ihr Nachbau mit umgebender Stein-Holzkonstruktion und der gesamten prunkvollen Ausstattung vermittelt einzigartige Authentizität: Das Eisen schimmert dunkelsilbern, die Bronze glänzt hell, die Farben der bunten Textilien leuchten, nur das matte Gold hat sein Aussehen im Lauf der Jahrtausende nicht verändert. Dieses Bild haben die Teilnehmer der Bestattungsfeierlichkeiten vor Augen gehabt, bevor das Grab mit weißen Tüchern bedeckt und die Kammer verschlossen wurde.
Zum Museum gehört auch ein kleiner Freilichtbereich mit der Rekonstruktion eines „keltischen Gehöfts“. Es umfasst ein geräumiges Wohnhaus, das auch für Veranstaltungen genutzt wird, einen Pfostenspeicherbau, Grubenhäuser, eine typische Webhütte, einen kleinen Garten mit Pflanzen, die auch schon vor 2500 Jahren bekannt waren, und das Stück eines rekonstruierten Palisadenzauns. Nach Grabhügel, Museum und Keltendorf kann man noch einen Abstecher zum nordwestlich gelegenen „Pfaffenwäldle“ unternehmen. Dort liegen 24 kleine und größere Hügel der Hallstatt- bis frühen Latènezeit. Einige der Tumuli wurden 1911 geöffnet. Ihnen entstammen zwei Toilettebestecke mit Ohrlöffel, Pinzette und Nagelschneider, die aus dem Süden importiert sind, mit Bernsteinköpfen versehene Schmucknadeln, Tierfibeln, einheimischer Bronzeschmuck, ein Eisenschwert und eine Korallenkette, die ebenfalls aus dem Süden hierher gelangte. Diese Grabhügel gehören zu einem Ensemble zahlreicher Hügelgruppen im gesamten Umfeld von Hochdorf, die sich allerdings nur in den Waldstücken erhalten haben.

Info

Keltenmuseum Hochdorf/Enz | Keltenstraße 2
71735 Eberdingen-Hochdorf
tel 07042|78911 | fax 07042|370744
und Gemeindeverwaltung Eberdingen
tel 07042|799402 | fax 07042|799466
buergermeisteramt@eberdingen.de
www.keltenmuseum.de

Öffnungszeiten
Di bis Sa 9.30–12 und 13.30–17, So und Fei 10–17 Uhr

Ein Keltenfürst hält Hof

Wohl kaum ein Berg in Hessen hat eine so komplexe und archäologisch komplizierte Geschichte hinter sich wie der Glauberg. Die Besiedelungsspuren reichen vom 4. Jt. v. Chr. bis zum Ende des 12. Jh. n. Chr. Weltbekannt wurden die spektakulären Funde zweier reich ausgestatteter Fürstengräber, von denen eines das steinerne Abbild eines eisenzeitlichen Herrschers enthielt.

„Von ferne weht der Wind Fetzen einer lang gezogenen Totenklage heran. Langsam nähert sich der Leichenzug, biegt in die Prozessionsstraße ein, hält direkt auf den Grabhügel zu. In weiße Gewänder gehüllte Druiden schwenken Mistelzweige, dahinter folgt, sorgsam aufgebahrt, der tote Fürst. Mit Schwert und Schild ausgerüstet, mit Hals-, Arm- und Fingerring geschmückt, auf dem Kopf eine Mistelkrone, trägt er ein letztes Mal unter freiem Himmel die Insignien seiner Macht. Vor der bereits ausgeschachteten Grabkammer hält die wogende Menge inne…“ Der Phantasie des Besuchers sind keine Grenzen gesetzt, blickt er vom Aussichtsturm im Westen des Glaubergs auf den vorgelagerten Fürstengrabhügel. Im Sommer 2000 wurde der Tumulus in seinen originalen Maßen von sechs Meter Höhe und 48 Meter Durchmesser wieder aufgeschüttet. Auch 120 m der ur-

Erster weithin sichtbarer Schritt zum Archäologischen Park Glauberg: der rekonstruierte Fürstengrabhügel. Seine Freilegung machte den Glauberg auf einen Schlag zu einem der wichtigsten keltischen Fundplätze Europas.

sprünglich 350 m langen Prozessionsstraße, die einst von Osten her zum Hügel führte, sind in ihrem Verlauf rekonstruiert worden.
Als der örtliche Heimatverein 1987 den völlig eingeebneten Hügel anhand von Bodenverfärbungen auf Luftbildern entdeckte, ahnte niemand, dass hier sieben Jahre später von einer archäologischen Sensation die Rede sein würde.

BELIEBTER SIEDLUNGSPLATZ MIT AUSBLICK

Schon vor Entdeckung der Keltengräber galt der Glauberg, ein letzter Basaltausläufer des Vogelsbergs am Ostrand der Wetterau, als eines der bedeutendsten vor- und frühgeschichtlichen Denkmäler Hessens. Von seiner Westseite aus hat man einen weiten Blick über die Untermainebene bis zur Frankfurter Skyline und über die gesamte Wetterau zum Hochtaunus mit Altkönig und Feldberg. Im Norden lassen sich der Stoppelberg bei Wetzlar und der Dünsberg bei Gießen ausmachen. Die Landschaft beherrschend, bot das von der Jungsteinzeit im 5. Jt. v. Chr. bis ins Hochmittelalter des 13. Jh. immer wieder besiedelte und von mächtigen Ringwällen gesäumte Plateau seinen Bewohnern zu allen Zeiten günstige Lebensbedingungen. Während der späten Bronzezeit, im 10. bis 8. Jh. v. Chr., lag hier eine bedeutende Siedlung. Die erste Befestigung, eine starke Holz-Stein-Erde-Mauer, stammt aus der frühen Eisenzeit, jener Epoche, als die Kelten hier einen Fürstensitz errichteten. Bis um 500 n. Chr. war der Glauberg Sitz eines alamannischen Kleinkönigs; vom 7. bis 9. Jh. stand hier eine fränkische Großburg. 1256 wurde auf dem inzwischen dicht bebauten Plateau die letzte Station der Staufertreuen – ein turmartiges Burggebäude – erobert und zerstört. Seitdem gehört der Berg, auf dem uralte Eichen ihre knorrigen Äste ausbreiten, den Waldvögeln, den Schafen – und den Archäologen. Bereits 1911 setzte der auch als Limesforscher bekannte Historiker Eduard Anthes auf dem 8 ha großen Glauberg über dem Zusammenfluss von Nidder und Seemenbach den Spaten an; 1933 folgte der oberhessische Denkmalpfleger und Geologieprofessor Heinrich Richter. Richter, bei allem Verdienst, brachte den Berg in Verruf, weil er die Prominenz

Die fast vollständig erhaltene Statue des Keltenfürsten in Fundlage.

seiner Zeit für die Ausgrabungen zu interessieren verstand. Franz von Papen und Prinz Oscar von Preußen, der 5. Sohn von Kaiser Wilhelm II., kamen zu Besuch; und 1934 mobilisierte das Gerücht, Hitler persönlich werde die alamannisch-fränkischen Funde in Augenschein nehmen, ganze Völkerscharen. Sie warteten vergeblich.

EINE SENSATION KOMMT ZUTAGE

Eine für die Geschichte des Glaubergs folgenreiche Aktion ereignete sich zu Ostern 1945: SS-Truppen versuchten hier den Vormarsch der Amerikaner zu stoppen. Dabei wurden fast alle Grabungsunterlagen und Funde zerstört. Vor die-

Detail vom Deckel der Röhrenkanne aus Grab 2: Dargestellt ist ein rückwärts blickendes Fabeltier mit Pferdekopf und Raubtierkörper.

Blick vom Glauberg nach Südwesten. In der Nidderaue liegt die Niedermoorablagerung „Bruch von Heegheim". Das kleine Gewässer markiert ihre Lage.

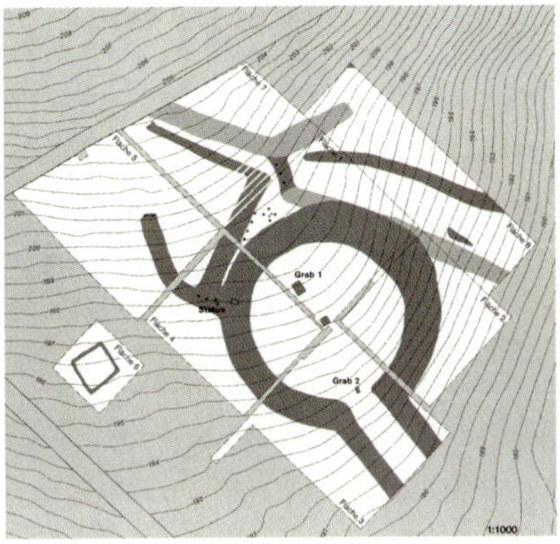

Der Grabungsplan zeigt die einheitliche Ausrichtung des gesamten Fürstengrabhügels 1 mit der Prozessionsstraße, den Befunden und der Statue 1. Dunkel gerastert: Gräben und Eingrabungen; hell gerastert: stratigrafisch älterer Grabenzug.

sem Hintergrund begann das hessische Landesdenkmalamt unter der Leitung von Dr. Fritz-Rudolf Herrmann 1985, die mächtigen keltischen Befestigungsmauern des Bergs abermals unter die Lupe zu nehmen. Doch erst als sich die Archäologen ab 1994 den Überresten des Grabhügels 1 sowie bald darauf einem benachbarten zweiten Tumulus widmeten, hielt die Fachwelt und bald auch die breite Öffentlichkeit den Atem an: Drei mit Goldschmuck, Waffen und Bronzekannen reich ausgestattete Fürstengräber aus dem 5. Jh. v. Chr. waren entdeckt worden! Am 24. Juni 1996 kam dann, unversehrt erhalten, die mittlerweile berühmte 186 cm hohe und 230 kg schwere vollplastische Sandsteinskulptur des keltischen Fürsten zutage. Außerdem fanden sich Bruchstücke von drei weiteren Statuen. Herrmann vermutet, dass die vier Stelen einst in einem heiligen Bezirk aufgestellt waren – „als Ahnen neben der Grabstätte". In ihrer Nähe jedenfalls stießen die Forscher auf die Reste eines hölzernen Gebäudes. „Möglicherweise ein Tempel", lautet die vorsichtige Interpretation des Archäologen. Fast 10 Jahre lang haben Restauratoren des hessischen Landesdenkmalamts eine im Block geborgene, bis auf 8 cm Höhe zusammengedrückte Grabkammer auseinander genommen und ihren Inhalt rekonstruiert. Es ließen sich Reste einer Schwertscheide und eines Schildes sowie eine mit einem Drahtbogen verstärkte, aus einer geprägten Lederkappe bestehende Mistelkrone fassen. Sie ergänzen das Bild eines mächtigen Fürsten, der seinem steinernen Abbild offenbar Modell saß. „Es ist nichts aus der Grabkammer verloren gegangen, was noch vorhanden war", davon ist Prof. Dr. Egon Schallmayer, seit 2001 Nachfolger Herrmanns im Amt des hessischen Landesarchäologen, überzeugt. Sogar das Schuhwerk eines der Bestatteten ließ sich, nach Funden von Lederresten und Ziernägeln in situ, rekonstruieren. Bis der Besucher die reichen Grabfunde und den steinernen Fürsten besichtigen kann, werden allerdings noch mindestens drei Jahre vergehen. Doch 2007 soll dann – wahrscheinlich südlich unterhalb des Glaubergs, wo der Blick weit ins Land schweifen kann – nicht nur ein neues Keltenmuseum eröffnet sein, sondern Schallmayer zufolge „eine Art Keltenzentrum mit wissenschaftlichem Modul". Beherbergen wird es allerdings Kopien der Funde; die Originale, so der Landesarchäologe, kommen ins Landesmuseum Darmstadt. Einen kleinen Einblick etwa in die Siedlungsgeschichte des Bergs gibt derzeit noch das in einer alten Schule im Ort Glauburg untergebrachte „Glauberg-Museum".

Mitten im Aufbau befindet sich derzeit auch der „Archäologische Park Glauberg“. Neben der Rekonstruktion des keltischen Fürstengrabhügels kann schon ein Teil der 350 m langen Prozessionsstraße besichtigt werden. Ein kulturhistorischer Lehrpfad führt den Besucher vorbei an mächtigen Ringwällen, einem riesigen keltischen Wasserreservoir und Teilrekonstruktionen aus den verschiedenen Besiedlungsepochen. Für die Zukunft sind auf auf dem 20 ha großen Areal noch Rekonstruktionen keltischer Wohnhäuser sowie historischer Pflanzenanbau und Rückzüchtungen einstiger Haustiere geplant.

Darüber hinaus soll die Fundstelle eingebunden werden in das Netz einer „Keltenstraße“. Die Route mit dem Kopf des steinernen Fürsten als Logo wird wesentliche Funde in den Museen der Region mit wichtigen Fundorten – etwa der Saline von Bad Nauheim oder dem Dünsberg bei Gießen – miteinander verbinden und so das Bild einer historischen Landschaft nachzeichnen.

Dass über den nördlichen Rand der frühkeltischen Welt die Glaubergfürsten herrschten, legt der Inhalt der Schnabelkanne aus einem der Grabhügel nahe: In dem überaus reich verzierten Bronzegefäß, das in ein Leinentuch geschlagen und mit aufwändig gestalteten farbigen Bändern umwickelt war, fanden sich Reste von Met. Der für seine Herstellung verwendete Honig stammt aus einem Umkreis von 70 bis 100 km. So weit – vom Rhein bis zum Thüringer Wald und von der Weser bis zum Neckar – reichte wohl das Herrschaftsgebiet der Glaubergfürsten.

Info

Glauberg-Museum | Hauptstraße 17 | 63695 Glauburg

Arch. Park Glauberg | c/o Gemeinde Glauburg
Bahnhofstraße 34 | 63695 Glauburg
tel 06041|82680 | fax 06041|826888
Gemeinde-Glauburg@t-online.de | www.glauberg.de
www.keltenfuerst.de | www.glauburg.de
www.keltenstrasse.de

Öffnungszeiten

Das Museum ist sonntags von 14 bis 16 Uhr geöffnet.

Führungen

Führungen über den Glauberg finden von März bis Sept. sonntags statt (Dauer ca. 2 Std.). Treffpunkt ist um 15 Uhr der Lehrpfad am Grabhügel.

Anreise

Über die A45, Abfahrt Altenstadt, oder von Frankfurt aus über die B521. Der Weg von Glauburg aus über den Düdelsheimer Weg bis zum Parkplatz direkt unterhalb des Glaubergs ist gut ausgeschildert.

Zu den Prunkstücken aus dem Fürstengrab gehören eine bronzene Schnabelkanne und ein goldener Halsring.

Groß Raden: Altslawischer Tempelort

Kultstätte am See

Vor mehr als tausend Jahren war Groß Raden das Heiligtum des slawischen Stammes der Warnower. Die auf einer Halbinsel angelegte Siedlung mit Burgwall, Kultstätte und Wohnhäusern wird seit 1987 unter Verwendung zeitgenössischer Techniken rekonstruiert. Beim Besuch auf dem Gelände kann man nicht nur Kammmachern, Böttchern, Drechslern und Schmieden über die Schulter schauen, sondern auch Elche in ihrem Gehege bewundern.

Das Freilichtmuseum liegt wenige Kilometer nördlich der Kleinstadt Sternberg und ca. 1 km nordöstlich des heutigen Dorfkerns von Groß Raden im Bereich einer Niederung, die unmittelbar an einen nördlichen Ausläufer des Sternberger Binnensees grenzt. Es schließt eine vorgelagerte Halbinsel ein, auf der schon von weitem ein kreisrunder Burgwall mit einem Durchmesser von 50 m deutlich zu erkennen ist.

1973 bis 1980 fanden hier umfangreiche Ausgrabungen statt, in deren Verlauf Reste einer slawischen Siedlung des 9. und 10. Jh. n. Chr. freigelegt werden konnten. Es stellte sich heraus, dass diese im Wesentlichen zwei Bauphasen umfasste, die beide in klaren und gut erhaltenen Befunden repräsentiert waren: eine befestigte ältere Siedlung, die etwa in der zweiten Hälfte des 9. Jh. angelegt und nur wenige Jahrzehnte später zerstört wurde, sowie eine kurz darauf errichtete zweite Siedlung.

BESTE ERHALTUNGSBEDINGUNGEN UND ERSTAUNLICHE ERKENNTNISSE

Mit einer Fläche von 7000 m² wurde nahezu die Hälfte des besiedelten Geländes ausgegraben. Dabei erwarteten die Archäologen gut erhaltene Befunde, denn das Siedlungsgelände war jahrhundertelang ausschließlich als Weide genutzt worden. Außerdem waren infolge des extrem hohen Grundwasserspiegels organische Materialien sehr gut erhalten, sodass ein großer Teil der hölzernen Bauelemente in situ angetroffen wurde. Die Ausgrabungen zeigten auch, dass sich die topografischen Verhältnisse infolge kontinuierlicher Verlandungsprozesse seit der slawischen Be-

Besonders beeindruckend ist die rekonstruierte Tempelanlage der 1. Siedlungsphase mit den menschenähnlich gestalteten Bohlen der Außenwand.

Blick auf Groß Raden aus der Vogelperspektive. Das gesamte Ensemble ist in ein ausgedehntes Waldgebiet eingebettet, das Wanderungen und Spaziergänge abseits des motorisierten Verkehrs erlaubt und damit zahlreiche Erholungssuchende anlockt.

siedlung entscheidend verändert hatten. So existierte die heutige Halbinsel vor 1000 Jahren noch nicht. Der Burgwall lag vielmehr auf einer vorgelagerten Insel, die nur durch eine Brücke mit der Siedlung auf der damals sehr viel kleineren Halbinsel verbunden war.

Die besiedelte Halbinsel war sowohl durch einen 4,5 m breiten Sohlgraben als auch eine einreihige Palisade mit Wehrgang geschützt. Den einzigen Zugang bildete ein Zangentor mit Brücke. In den ersten Jahrzehnten bestand die Hauptsiedlung vermutlich aus etwa 40 eng nebeneinander stehenden Häusern. Diese wiesen mit einer Grundfläche von etwa 4 m × 5 m, einfachem Sandfußboden und einer Herdstelle eine nahezu identische Bauweise auf. Nach den erhaltenen charakteristischen Resten der Konstruktionselemente zu schließen, waren die Hauswände ungefähr zwei Meter hoch. Sie bestanden aus Stabbohlen, die in regelmäßigen Abständen senkrecht in den Boden eingebracht und durch ein eingeflochtenes Astwerk miteinander verbunden waren. Ein Verputz oder Bewurf aus präpariertem Lehm dichtete das Flechtwerk zusätzlich ab.

Isoliert im südöstlichen Teil der Halbinsel liegt ein etwa 7 m × 11 m großes Gebäude aus breiten Eichenbohlen. Die oberen Abschlüsse der äußeren, von weitem sichtbaren Bohlen zeigen stark abstrahierte anthropomorphe (= menschenähnliche) Silhouetten. Aussparungen in den Schmalseiten des Gebäudes deuten auf Eingänge hin. Im Innenraum wurden Spuren zweier hoher, massiver Pfosten gefunden.

Mehrere in unmittelbarer Nähe entdeckte Pferdeschädel legen nahe, dass

Seit 1998 werden in einem nahe des Freigeländes gelegenen Areal drei Elche und zahlreiche Schafe gehalten, um die Besucher auch mit der Tierwelt der slawischen Zeit vertraut zu machen.

An der Brücke zur Tempelburg liegt auf halbem Weg dieses in Blockbauweise errichtete Torhaus, in slawischer Zeit ein Kontrollposten für den Zugang zum Heiligtum.

Haus- und Handwerk kosteten in der Vergangenheit Kraft und Zeit. Dies können Besucher im Rahmen der museumspädagogisch betreuten Angebote hautnah erleben. Das Fundmaterial zeigt, dass in Groß Raden bereits im 9. Jh. Kammmacher, Böttcher, Drechsler und Schmiede ansässig waren.

hier Opferungen stattfanden. Ob das Gebäude überdacht oder oben offen war, ist unklar. Nach den Opferspuren, den anthropomorphen Stelen und der besonderen Lage der Anlage zu schließen, dürfte es sich wohl um einen „Umgangstempel" oder ein Heiligtum gehandelt haben.

Abseits der Häuser lag ein kleiner Werkplatz mit mehreren Kuppelöfen, in denen Keramik gebrannt bzw. Brot gebacken wurde, sowie einem Nebengebäude zur Getreideverarbeitung. Auf den freien Flächen zwischen den Gebäuden und der Palisade fanden vermutlich regelmäßig Märkte und Versammlungen statt.

Um das Jahr 900 herum wurde die Siedlung vollständig zerstört. Darauf weisen deutliche Brandspuren hin, die vor allem im Bereich der Palisade und des Tores zutage kamen. Auch das Heiligtum blieb nicht verschont. Da für diese Zeit keine schriftlichen Hinweise über kriegerische Auseinandersetzungen bei den Warnowern überliefert sind, bleiben die Ursachen dieser archäologisch deutlich fassbaren Katastrophe unbekannt.

STARK BEWACHTES HEILIGTUM

Die Siedlung wurde schnell wieder aufgebaut, allerdings errichtete man die Häuser diesmal in Blockbauweise. Mit Grundflächen von bis zu 45 m^2 waren sie auch deutlich größer als die älteren

Jedes Jahr wird in Groß Raden ein Veranstaltungsprogramm mit jeweils wechselnden Highlights angeboten. Seit langem etabliert sind z. B. die Museumswoche vom 10.–17. Juli, Ferienprogramme im Winter und Herbst sowie die durch Schauspiel, Feuer und Musik geprägte Museumsnacht.

Flechtwandhäuser. Der Standort des zerstörten Tempels blieb unberührt, das Heiligtum selbst wurde in völlig anderer Konstruktion auf die Insel verlegt. Zu seinem Schutz legte man einen kreisrunden, 10 m hohen Burgwall mit einem Innendurchmesser von 25 m an. Als zusätzliche Absicherung wurde auf der Brücke auf halbem Weg zur Tempelburg ein Kontrollposten in Form eines Torgebäudes errichtet. Heute kann der Besucher allerdings unbehelligt an diesem rekonstruierten Häuschen vorbeischreiten.

Am Ende des 10. Jh. wurde die Siedlung endgültig aufgegeben, nachdem es vermutlich erneut zu Zerstörungen gekommen ist. Wiederum sind die Gründe hierfür nicht eindeutig, immerhin erscheint ein Zusammenhang mit einem für das Jahr 995 historisch überlieferten Feldzug Ottos III. gegen die in Mecklenburg ansässigen Slawen denkbar.

Ein Bild wie vor 1000 Jahren: Sorgfältige Rekonstruktionen und die detailgetreue Nachgestaltung der damaligen Umwelt machen Groß Raden zu einem beliebten Ausflugsziel für Groß und Klein.

Siedlung (9. Jhd.)
Siedlung (10. Jhd.)
in beiden Siedlungen vorhanden
Bauten ohne archäologisches Vorbild
1–7 Tafeln auf dem Weg zum Freigelände
8–10 Übersichtstafeln
11 Pflanzen und Ackergerät der Slawen
12 Grabenbrücke
13 Torhaus, Palisade und Flechtzaun am Seeufer
14 Bohlenweg
15 Flechtwandhaus
16 Blockhaus
17 Tempel
18 Brücke zur Insel
19, 20 Fischereigerät und Einbaum
21 Brückenhaus
22 Bastion
23 Burgwall
24 Rosenmalve
25 Uferbefestigung (seeseitig Steine, zur Halbinsel hin ursprünglich ein Flechtzaun)
26 Backofen
27 Experimentierfeld/Museumspädagogik
28 Schmiede
WC
8-10

Den Besucher Groß Radens erwartet ein umfangreiches, den jeweiligen individuellen Kenntnissen und Bedürfnissen angepasstes Informationsprogramm. So kann man im Rahmen einer Führung über das Gelände an verschiedenen Projekten zur experimentellen Archäologie teilnehmen. Dabei stehen vor allem die Lebensbedingungen und Produktionsweisen in einer slawischen Siedlung vor 1000 Jahren im Mittelpunkt. Beim Projekt „vom Korn zum Brot" erfährt man beispielsweise, dass es vieler Schritte bedurfte, bis das Brot auf den Tisch kam, nämlich vom mühsamen Zerkleinern des Getreides in Handdrehmühlen, Trogmühlen oder Mörsern über die Teigzubereitung bis zum Ausbacken des Fladens. Natürlich kann man auch selbst ein „slawisches" Brot backen. Der Teig dazu besteht vor allem aus Roggenmehl, Salz und Wasser. Nach dem Backen nutzte man den noch warmen Ofen zum Dörren von Getreide und Obst, zudem ließ sich in der Nachhitze Brei oder Grütze garen. Auch dies kann der Besucher selbst ausprobieren.

In den 16 Jahren seit seiner Eröffnung hat das Freilichtmuseum zahlreiche strukturelle und organisatorische Veränderungen erlebt. Seit 1995 ist es fester Bestandteil des Archäologischen Landesmuseums Mecklenburg-Vorpommern. Ab Herbst 2005 wird in Groß Raden die zentrale Ausstellung zur Geschichte und Archäologie der Slawen in Mecklenburg-Vorpommern zu sehen sein.

Info

Archäologisches Freilichtmuseum Groß Raden
Kastanienallee | 19406 Groß Raden bei Sternberg
tel 03874|2252 | fax 03847|451624
gross-raden@archaeologie-mv.de
www.archaeologie-mv.de

Öffnungszeiten
April bis Okt. tgl. 10–17.30; Nov. bis März tgl. 10–16.30 Uhr (außer Mo und 24. Dez.)

Führungen
nur nach Voranmeldung, Dauer etwa 1 Std.

Besondere Angebote
Projekte zu den Themen Töpfern, Ernährung, Korbflechten, Textilverarbeitung, Zinngießen und Lederverarbeitung auf Anfrage. Dauer etwa 1,5 bis 2 Std. Unter dem Motto „Wasserfahren wie die alten Slawen" können in den Sommermonaten Fahrten auf den beiden rekonstruierten Slawenbooten gebucht werden.

Zusätzliche Attraktion in Groß Raden sind zwei Nachbauten eines 1967 in Ralswiek auf Rügen gefundenen slawischen Bootes. Sie wurden unter Verwendung zeitgenössischer Werkzeuge und Techniken angefertigt und segeln heute auf dem Sternberger See.

Haarhausen: Gelände für experimentelle Archäologie

Einblick in alte Techniken

Angeregt durch das große öffentliche Interesse an experimenteller Archäologie wurden in den letzten Jahrzehnten mehrere „archäologische Werkstätten" gegründet, um mit interessierten Laien historische Handwerkstätigkeiten nachzustellen. Diesem Zweck dient auch ein Gelände im thüringischen Haarhausen. Neben dem Spaß am Experimentieren soll hier vor allem auch das Verständnis für die eigene, weit zurückliegende Vergangenheit geweckt werden.

Als das „Pompeji Thüringens" wurde Haarhausen von den Medien tituliert, nachdem hier bei Ausgrabungen durch das Thüringische Landesamt für Archäologische Denkmalpflege in Weimar von 1979–1985 eine römische Töpferei aus dem 3. Jh. entdeckt wurde. Ihre Anlage, Bau der Töpferöfen, Technologie und Formen der hier hergestellten Keramik stimmen mit Töpfereien aus dem Gebiet der römischen Provinzen in Germanien, aber eben auch mit denen in Pompeji weitgehend überein. Dieser Beleg für römischen Technologietransfer ins germanische Thüringen veranlasste die Archäologen, zusammen mit Verfahrenstechnikern die Prozesse der Keramikproduktion durch Experimente nachzuvollziehen. Brennversuche, die von 1981 an im rekonstruierten Töpferofen durchgeführt wurden, stießen auf großes öffentliches Interesse. Die Idee, solche und weitere Experimente zusammen mit der breiten Öffentlichkeit zu gestalten, war geboren und damit der Plan für ein Versuchsgelände. Es sollte kein Freilichtmuseum werden, sondern die Besucher zum kreativen Mitmachen anregen. Im Spätsommer 1990 wurde Haarhausen als erste derartige Anlage in der damaligen DDR eröffnet. Außer einem römischen Töpferofen nach den Befunden von Haarhausen wurden auf dem Gelände weitere in Thüringen ergrabene technische Anlagen rekonstruiert, darunter ein latènezeitlicher und ein mittelalterlicher Töpferofen sowie aus germanischer Zeit (1.–3. Jh.) ein Rennofen zur Eisengewinnung und ein Backofen. Mit diesen Öfen kann experimentiert werden, besonders die kleinen Brote aus dem germanischen Backofen gelingen bestens.

Als Demonstration zur Bautechnik stehen zwei Gebäude auf dem Gelände, ein teilweise eingetieftes germanisches Haus und die als Fachwerkbau errichtete große „Werkhalle" der römischen Töpferei. Beide Bauten bilden eine gute Basisstation dieser Einrichtung und für die Besucher außerdem einen festen Wetterschutz.

Träger der „Experimentierstätte" sind die Wachsenburggemeinde und das Thüringische Landesamt für Archäologische Denkmalpflege in Weimar, das

Der funktionsfähige Nachbau des römischen Töpferofens wurde mit einem Schutzdach versehen. Tafeln informieren den Besucher über den Ausgrabungsbefund und die Ergebnisse der Brennversuche.

Info

Das Gelände für Experimentelle Archäologie ist an verschiedenen Tagen im Jahr geöffnet. Die Termine der Aktionstage werden über die Medien bekannt gegeben, sie können auch in Weimar erfragt werden oder sind im Internet zu erfahren: www.tlad.de.

Anmeldungen

Wachsenburggemeinde, Verwaltungsaußenstelle der Stadtverwaltung Arnstadt | Arnstädter Straße 97
99310 Wachsenburggemeinde
tel 03628|78157 oder 70706 | fax 03628|70705
oder: Museum für Ur- und Frühgeschichte Thüringens
Humboldtstraße 11 | 99423 Weimar
tel 03643|818330 | fax 03643|818390
post@tlad.de | www.tlad.de

Anreise

- **Per Bahn mit Regionalzügen auf der Strecke Erfurt–Arnstadt mit Halt in Haarhausen.**
- **Mit dem Auto über die A4, Abfahrt Neudietendorf/Arnstadt, Richtung Neudietendorf, dann über Sülzenbrücken nach Haarhausen, hier gleich am Ortseingang rechts gelegen.**

Besondere Angebote

Aktionstage mit Vorführungen, Termine unter obigen Adressen zu erfragen.

Das Gelände für experimentelle Archäologie in Haarhausen wird vor allem von Schulklassen zum praktischen Nachvollziehen alter Techniken, hier die Herstellung von Gefäßen, genutzt.

Selbst gebackenes Brot aus dem germanischen Ofen ist die Attraktion für Jung und Alt.

auch die fachliche Betreuung der Besucher übernimmt.
In Haarhausen kann man mit Ton arbeiten und dabei Gefäße freihändig oder unter Anleitung einer Töpferin an der fußbetriebenen Töpferscheibe gestalten. Auch eine Grube für einfachen keramischen Grubenbrand ist vorbereitet. Der Textilherstellung dienen Versuche mit dem Spinnwirtel oder am Spinnrad und beim Weben, sowohl mit Brettchen für Kanten und Bordüren als auch am stehenden Webstuhl.
Im Lehm-Backofen werden für die Besucher Brote gebacken. Ein Gefühl für den Aufwand bei der Gewinnung von Mehl aus Körnern gewinnt man beim Arbeiten mit Getreidequetschen aus Stein und Drehmühlen. Auch die im offenen Feuer nach mittelalterlichen Rezepten gekochte Suppe oder der Brei sind zu empfehlen.
Großes Interesse finden Vorführungen zur Altsteinzeit, wenn mittels eines Ostsee-Feuersteins und eines Feuerschwamms erste Funken fliegen und daraus ein Feuer entfacht wird oder wenn aus Feuersteinknollen einfache Schab- und Schneidgeräte entstehen. Sehr beliebt ist auch das Herstellen von Schmuck wie in der Steinzeit oder von einfachen Fibeln aus Bronzedraht sowie Vorführungen von Restauratoren zum Gießen von Bronze- oder Silberfibeln.
Haarhausen ist bei weitem kein Museum, wo man alles nur bewundern, aber nicht anfassen darf, sondern hier soll durch das eigene Erfahren und Nachvollziehen von ur- und frühgeschichtlichen Techniken Achtung vor den Leistungen der Vorfahren erwachsen, gleichzeitig verbunden aber auch mit Spaß und Freude. Dieses Angebot wird gern von Schulklassen als Ergänzung zum Unterricht, zu Projekt- oder Wandertagen genutzt. Aber auch Familien mit Kindern schätzen das gemeinsame Erleben.

Hechingen-Stein: Römische Villa Rustica

Luxus am Rande der Alb

Unweit der Burg Hohenzollern, am Fuße der Schwäbischen Alb, lag in römischer Zeit ein stattliches Gut. Große Teile dieser villa rustica sind noch unter der Waldoberfläche verborgen, ausgegraben wurden aber das Haupt- und Badegebäude, der Tempelbezirk, ein Mühlen- und Wirtschaftsgebäude, das Tor zur Gutsanlage sowie eine Schmiede.

In einem Wald nordwestlich der Hechinger Teilgemeinde Stein entdeckte Bürgermeister Gerd Schollian 1973 auf der Suche nach einem abgegangenen mittelalterlichen Weiler Mauerreste. Damals konnte noch niemand ahnen, welch große und hervorragend erhaltene römische Gutsanlage hier fast 1700 Jahren unentdeckt unter dem Waldboden gelegen hatte. Zwischen 1978 und 1981 wurden Haupt- und Badegebäude dieser Villa rustica durch das Landesdenkmalamt Baden-Württemberg untersucht. Die dabei freigelegten Mauern waren weit gehend vorzüglich bis über 2 m hoch erhalten. Außerdem zeigte sich, dass das Hauptgebäude einen außergewöhnlich großen, aufwändig gestalteten Grundriss hatte und über einen offenen Säulengang mit dem Bad verbunden war. Der zuvor schon gegründete Förderverein zur Erhaltung der Kulturdenkmale in Stein trat daher an das Landesdenkmalamt mit der Bitte heran, dieses Zeugnis provinzialrömischer Geschichte zu bewahren. Nach langjährigen Planungen entschloss man sich dazu, einen Teil des Hauptgebäudes im Originalmaßstab zu rekonstruieren. Dies bot die Möglichkeit, hier ein Museum einzurichten und darin das originale Fundmaterial auszustellen. Ziel war es, dem Besucher ein begehbares römisches Hausmodell im Maßstab 1:1 zu präsentieren.

ORIGINALGETREUE INNENEINRICHTUNG

Das teilrekonstruierte Hauptgebäude ist auch heute noch Herz des Museums. Hier kann sich der Besucher anhand von Tafeln, einer Tonbildschau, mehreren Modellen und einem virtuellen Rundgang über die römische Geschichte Südwestdeutschlands, die Geschichte der Gutsanlage selbst und eine Vielzahl verschiedener Themenbereiche, wie Bautechnik, Landwirtschaft oder römische Nahrung informieren. In der Ausstellung finden sich neben hier ausgegrabenen Gegenständen aus Keramik, Metall und Glas auch Sonder-

Das teilrekonstruierte Hauptgebäude ist auch heute Herz des Freigeländes.

funde, wie ein bronzener Kerzenständer, dessen Beine als Löwenleiber ausgebildet sind, oder der Kopf einer annähernd lebensgroßen Venusstatue aus Sandstein.
Im Einklang mit Räumen, deren Einrichtung römischer Zeit nachempfunden ist, wie ein Speisezimmer, ein Schlafraum sowie eine Küche, wird dem Besucher so ein anschauliches Bild vermittelt. Schautafeln erklären die Funktion von Bereichen, die in ihrem Ausgrabungszustand konserviert sind. So fanden sich z. B. Herdstellen in Küchen, mehrere Räume mit einer Fußbodenheizung und ein Getreidespeicher.
1992, ein Jahr nach Eröffnung des Museums, wurden die Ausgrabungen wieder aufgenommen. Rund 150 m vom Hauptgebäude entfernt liegt auf einem Sporn über dem Talgrund der zur Gutsanlage gehörige Tempelbezirk. Es handelt sich um einen quadratischen ummauerten Bereich von 30 m Seitenlänge, in dem die Reste von 10 kleinen Kapellen, so genannte Ädikulen, ausgegraben wurden. Hier fanden sich auch Teile zahlreicher Statuen und Reliefs, die jedoch alle kleinteilig zerschlagen waren. Dennoch lassen sich eine Jupitergigantensäule, eine von Eroten begleitete Venusstatue, das Relief einer Diana, eine Stierstatue und anderes mehr unterscheiden. Eines dieser Tempelchen wurde rekonstruiert und in seinem Innern die Kopie einer Merkurstatue aufgestellt.

ANTIKE BIERBRAUEREI?

Auch die Mauerreste des zwischen Tempelbezirk und Hauptgebäude gelegenen Wirtschaftsgebäudes waren hervorragend erhalten. Drei im Innern des Hauses gelegene Darren und die Reste von drei großen Mühlen lassen den Schluss zu, dass hier Getreide gelagert, gedörrt, gemahlen und eventuell auch zu Brot verarbeitet wurde. Einige Hinweise sprechen sogar dafür, dass man hier Bier, das keltische Cervesia, braute. In den vergangenen Jahren wurde noch ein weiteres, vermutlich als Getreidespeicher benutztes Wirtschaftsgebäude und ein Teil der westlichen Hofummauerung untersucht.
Durch Aufmessung des Geländes weiß man inzwischen, dass die Gutsanlage rund 5 ha groß war.

Das römische Backhaus wird für museumspädagogische Aktivitäten wie das Mahlen von Getreide oder das Backen von Brot im Kuppelofen genutzt.

Genau in der Flucht des Zugangs zum Hauptgebäude fand sich in der Hofmauer das Tor zur Gutsanlage. Auch dieser Befund wurde rekonstruiert. Wenig weiter nördlich lag ein einfaches direkt an die Hofmauer angebautes Gebäude. Zwei Ofenstellen mit einer Vielzahl von Eisenschlacken legen nahe, dass es sich bei dem Haus um eine Schmiede handelt.
Gegenwärtig finden Ausgrabungen in einem großen Gebäude statt, das aufgrund der qualitätsvollen Funde wie Fensterglas, Fibeln und Schlüssel als Wohnhaus interpretiert wird. Die Grabungsstätte liegt direkt am Zugang zum Freilichtmuseum. So kann der Besucher den Archäologen bei der Arbeit über die Schulter blicken und sich über moderne Ausgrabungsmethoden informieren.

Info

Römisches Freilichtmuseum Hechingen-Stein
72379 Hechingen
tel 07471|6400 | fax 07471|14805
info@villa-rustica.de | www.villa-rustica.de

Öffnungszeiten
1. April bis 1. Nov. tgl. außer Mo 10–17 Uhr

Anreise
Das Freilichtmuseum liegt direkt an der Verbindungsstraße von der A81 Ausfahrt Empfingen zur B27 Richtung Hechingen und ist dort ausgeschildert.

Besondere Angebote
Im Backhaus können Gruppen Getreide in einer Steinmühle mahlen und im Kuppelofen Brot backen.

Herbertingen-Hundersingen: Heuneburg

Keltischer Fürstensitz

Gegen Ende des 7. Jh. v. Chr. an der Wende von der älteren zur späten Hallstattzeit lässt sich im nordwestalpinen Raum eine Führungsschicht fassen, deren Vertreter man gemeinhin als „Fürsten" bezeichnet. An einigen Orten errichteten sie weithin sichtbare Zeichen ihrer Macht und ihres Reichtums. Einer dieser Fürstensitze ist die Heuneburg an der oberen Donau.

Erstmals rückte diese Region 1876 in den Mittelpunkt archäologischen Interesses: Bei Ausgrabungen in der vier Grabhügel umfassenden Nekropole Gießübel-Talhau nordwestlich der Heuneburg kamen neben vielen Scherben, Tierknochen und Objekten aus Bronze und Eisen auch goldene Arm- und Halsringe zutage. Landeskonservator Eduard Paulus legte 1877 in den Hügeln 1 und 2 jeweils eine zentrale Grabkammer frei; Hügel 3 untersuchte er mit einem zentralen Trichter und mehreren Schnitten, die heute noch im Gelände sichtbar sind. Paulus prägte für diese monumentalen Grabhügel den Begriff der „Fürstengräber" und vermutete den Wohnsitz dieser „Fürsten der Vorzeit" auf der graben- und wallumwehrten Heuneburg.

Von 1950 bis 1979 fanden hier umfangreiche Grabungen statt. Dabei kam ein Siedlungsplatz ans Licht, dessen Geschichte von der Jungsteinzeit bis ins Mittelalter reicht. Insgesamt lassen sich 23 Baustadien nachweisen. Die Blütezeit der Heuneburg liegt in der frühkeltischen Eisenzeit. Vom ausgehenden 7. Jh. bis etwa 400 v. Chr. wurde die 3 ha große Fläche kontinuierlich besiedelt. Dabei haben sich die Bewohner durch mehrere nacheinander errichtete Befestigungsmauern geschützt.

MEDITERRANE SITTEN AM KELTENSITZ

Eine dieser Mauern war aus luftgetrockneten Lehmziegeln auf einem Sockel aus Kalksteinen errichtet worden. Diese aus dem Mittelmeerraum stammende Bautechnik ist einzigartig für das Gebiet nördlich der Alpen und belegt, dass die Bewohner der Heuneburg enge Beziehungen zu den Hochkulturen des Mittelmeerraumes unterhielten. Griechische Weinamphoren und Trinkschalen sowie der Fund einer griechischen Kline in Hügel 1 lassen sogar vermuten, dass im 6. Jh. v. Chr. auch mediterrane Sitten und Gebräuche, wie das Symposium, ein griechisches Trinkgelage, an der oberen Donau Einzug hielten. Die „stadtartig" dichte Bebauung dieser Zeit mit Häuserzeilen erwecken den Eindruck einer

Lehmziegelmauer mit überdachtem Wehrgang und Donautor. Das Tor ermöglichte den Zugang zu einer vermuteten Schiffslände am Fuße der Heuneburg und zur Handelsstraße jenseits der Donau.

Das Freilichtmuseum auf der Heuneburg: im Vordergrund die rekonstruierte Lehmziegelmauer mit drei zugehörigen Gebäuden; links das Fürstenhaus, im Hintergrund die Grabhügel der Gießübel-Talhau-Nekropole.

Die von einem Stuttgarter Künstler gestaltete Schaufensterwand im Obergeschoss des Museums bietet in fünf Szenen Einblicke in das Leben der Heuneburg-Bewohner und soll den Betrachter auf den Besuch des Freilichtmuseums einstimmen. Oben: Alltag auf der Heuneburg; unten: In der Schmiedewerkstatt.

planvoll angelegten Stadt. Es ist deshalb nicht ganz unwahrscheinlich, dass die Heuneburg mit der von dem griechischen Geschichtsschreiber Herodot um die Mitte des 5. Jh. erwähnten Stadt Pyrene, die in der Nähe des Donauursprungs gelegen haben soll, identisch ist.

WEITER BLICK ÜBER DAS DONAUTAL

Ein Teil der Wehrmauer ist auf dem antiken Kalksteinsockel originalgetreu wieder aufgebaut worden. Handgefertigte ungebrannte Lehmziegel sind am Maueranfang im Westen neben der ersten Schießöffnung zu sehen, gegenüber erkennt man die hauptsächlich bei der Rekonstruktion verwendeten industriell hergestellten Exemplare. Der Wehrgang ist eine reine Holzkonstruktion, selbst die Nägel zwischen Rähm und Ständer sind aus Holz. Bei gutem Wetter hat man einen weiten Blick über das gesamte Donautal.

Sowohl auf der Heuneburg als auch in der nordwestlich gelegenen Außensiedlung lebten spezialisierte Handwerker. Viele ihrer Tätigkeiten lassen sich über die im Heuneburgmuseum ausgestellten Fundstücke wie Fibeln, Gussformen, Fragmente von Bronzegefäßen, Werkzeuge und Schmuckstücke eindeutig nachweisen. Andere Handwerke, die als Voraussetzung für bestimmte Techniken notwendig waren, sind nur indirekt belegt. So weiß man etwa, dass Bronze und Eisenschmiede in Werkhallen mit großen Öfen umfangreichen Schmuck und Trachtzubehör herstellten. Da die Öfen mit Holzkohle betrieben worden sind, müssen Köhler im Umfeld der Heuneburg tätig gewesen sein.
Spinnen und Weben wird zu den in jedem Haushalt ausgeübten Gewerken gerechnet. Über 100 Webgewichte auf einem Fleck wurden bereits 1876 unter Hügel 1 aufgedeckt. Sie deuten auf einen großen Webstuhl hin, der für eine textile Produktion im industriellen Stil vorgesehen war.

REKONSTRUKTIONEN AM ORIGINALPLATZ

Fast alle Gebäude der Heuneburg und der Außensiedlung waren aus Holz, dem wichtigsten Baustoff der damaligen Zeit, errichtet. Sie weisen unterschiedliche Konstruktionen mit Wänden aus Flechtwerk oder Bohlen mit Lehmverputz auf. In

Empore des neu gestalteten Heuneburgmuseums. Die illustrierten Erläuterungstexte zu den einzelnen Themen sind auf von hinten beleuchtete Kunststoff-Fahnen gedruckt. Die Funde werden in Flach- und Hochvitrinen präsentiert.

Die drei rekonstruierten Bauten von der Südostecke der Heuneburg.

Die beiden 1993 aufgeschütteten Hügel 1 und 2 der Nekropole im Vorfeld der Heuneburg. Jenseits der Straße ist der in den Jahren 1954–63 ausgegrabene Hügel 4 zu erkennen.

der Südostecke der Heuneburg wurden am originalen Standort das Werkstattgebäude eines Bronzeschmieds (mit Flechtwerkwand), ein Wohngebäude (mit Bohlenwand) und ein kleiner Speicher wieder errichtet.
Die Heuneburg und ihre Außensiedlung wurden gegen Ende des 6. Jh. v. Chr. durch einen Brand gewaltsam zerstört. Ob das Feuer mit einem feindlichen Überfall in Zusammenhang steht oder auf Unruhen in den eigenen Reihen zurückzuführen ist, lässt sich nicht eindeutig klären. Auf den Ruinen der Außensiedlung wurden die vier monumentalen Grabhügel errichtet, die Heuneburg selbst hat man wieder aufgebaut und mit einer Wehrmauer in Holz-Erde-Technik befestigt.
Die Grabhügel sind bis heute in der Landschaft erhalten geblieben und durch einen etwa 8 km langen Wanderweg miteinander verbunden. Vom

Info

Heuneburgmuseen | Ortsstraße 2
88518 Herbertingen-Hundersingen
tel 07586|917303 | fax 07586|917304
flm.heuneburg@t-online.de | www.heuneburg.de

Öffnungszeiten

Freilichtmuseum auf der Heuneburg und Heuneburgmuseum in der ehemaligen Zehntscheuer in Hundersingen:
1. April bis 1. Nov. Di bis So 10–16.30 Uhr; Juli und Aug. 10–18 Uhr

Heuneburgmuseum in Hundersingen führt ein Weg unmittelbar an der Donau entlang zur Heuneburg. Eine zweite, parallele Route bleibt auf dem Hochufer, hier gelangt man über den Lehenbühl und die Baumburg zur Heuneburg. Von dort aus kann man noch einen Abstecher über die weithin sichtbare Gießübel-Talhau-Nekropole zum Hohmichele, dem höchsten Grabhügel in Mitteleuropa, machen. Vor Ort informieren Tafeln über die Grabungsgeschichte und die Bedeutung der Hügel.

Blick in den Wehrgang über dem Donautor.

Museum zum Mitmachen

Im archäologischen Freilichtmuseum „AZH" wird seit 1990 das Konzept eines „Museums zum Anfassen und Mitmachen" erfolgreich in die Praxis umgesetzt. Mittelpunkt sind rekonstruierte Langhäuser aus der Stein- und Bronzezeit, um die herum begehbare Stationen gruppiert sind, an denen Leben und Umwelt unserer Vorfahren erprobt und nachvollzogen werden können. Eine besondere Attraktion ist das Einbaumfahren auf dem Hitzacker-See.

Die kleine Fachwerkstadt Hitzacker im Nordosten Niedersachsens liegt malerisch am Zusammenfluss von Elbe und Jeetzel auf einer Stadtinsel am Fuß des Weinbergs. Gegründet wurde sie 1258, ihre tatsächlichen Anfänge liegen jedoch viel weiter zurück. Dies kam zufällig ans Licht, als man 1969 bei Erdarbeiten im Uferbereich der Jeetzel plötzlich auf Keramikscherben und Erdverfärbungen stieß. Sie erlaubten keine Zweifel; vor Tausenden von Jahren lebten bereits Menschen am Hitzacker-See. Erste archäologische Untersuchungen bestätigten die Vermutungen, der Fundplatz war von der Jungsteinzeit bis zur Mitte des 13. Jh. dicht besiedelt gewesen. Herausragend war vor allem die Entdeckung eines 3000 Jahre alten Hausgrundrisses, ein für Norddeutschland seinerzeit Aufsehen erregender Fund.

EINE IDEE WIRD GEBOREN

Mit der großflächigen Erforschung musste jedoch noch eine Weile gewartet werden. Erst 1987 stellte man das Areal unter Grabungsschutz. Damit konnte eine drohende Zerstörung durch den Ausbau der Bundesstraße und die Erweiterung des Hitzacker-Sees gerade noch verhindert werden. In den nächsten Jahren wurden noch mehrere große Hausgrundrisse freigelegt und umfangreiches Fundmaterial geborgen. Dies inspirierte die Kreisarchäologie zu einer ungewöhnlichen Idee. Warum sollte man diese einmaligen Befunde nicht mittels Rekonstruktionen der Öffentlichkeit zugänglich machen? Damit würden sowohl die denkmalpflegerischen Anliegen der Archäologen als

Rekonstruktion des mittelbronzezeitlichen Totenhauses von Schutschur.

Brotbacken (unten) oder das Grillen über der selbst gebauten Feuerstelle gehören zu den vielfältigen museumspädagogischen Angeboten.

auch die wirtschaftlichen Interessen der Stadt Hitzacker in Einklang gebracht. So wurde ein kulturtouristisches Gesamtkonzept erarbeitet, das bei allen Beteiligten auf breite Zustimmung stieß. 1990 fiel dann der Startschuss für das Archäologische Zentrum Hitzacker, Norddeutschlands erstes Freilichtmuseum der Bronzezeit.
Seitdem ist viel geschehen. An die Stelle der einstigen Baugruben und Sandberge traten Rekonstruktionen dreier bronzezeitlicher Langhäuser. Sie sind eingebettet in eine prähistorische Naturlandschaft, die bronzezeitlichen Modellen nachempfunden wurde. Ergänzend kamen im Laufe der Jahre ein für Nordostniedersachsen typisches Totenhaus, ein Grubenhaus und ein Flechtwerklabyrinth hinzu. Um dem Besucher einen anschaulichen Eindruck der damaligen bronzezeitlichen Landschaft und Pflanzenwelt zu vermitteln, wurden ein Naturlehrpfad und ein Feldbauareal eingerichtet sowie ein Teichbiotop und ein Einbaumhafen angelegt. Vor allem aber kann man im AZH selber aktiv werden. Im Rahmen von Aktionsprogrammen können Geräte und Werkzeuge benutzt oder hergestellt sowie verschiedene handwerkliche Techniken und Fertigkeiten gelernt und ausprobiert werden. Mit den eigenen Händen und ohne moderne Hilfsmittel soll der Besucher so erfahren, wie die Menschen damals gelebt und gearbeitet haben.

DAS EXPERIMENT IM MITTELPUNKT

Alle bronzezeitlichen Häuser des Freilichtmuseums wurden nach Ergebnissen aus den Grabungen rekonstruiert und weitgehend unter experimentellen Bedingungen gebaut. Dabei hat man gezielt unterschiedliche Materialien verwendet sowie stein- und

Das begeistert vor allem die jungen Besucher: Holzarbeiten mit bronzezeitlichen Werkzeugen.

Eine tolle Attraktion für Jung und Alt ist das Einbaumfahren auf dem Hitzacker-See.

Webversuche an einem bronzezeitlichen Webstuhl.

bronzezeitliche Techniken benutzt. Für einzelne Arbeitsschritte wurde sogar entsprechend nachgebautes Handwerksgerät jener Zeit eingesetzt. Die Mühe hat sich gelohnt, die Häuser sind ausgesprochen sehenswert und vermitteln einen konkreten Eindruck damaliger Bautechnik und handwerklichen Könnens.

Das AZH ist aber auch eine Stätte der Ausbildung, Forschung und Lehre. Hier finden Seminare und wissenschaftliche Ausgrabungen sowie Experimente zur Erprobung handwerklicher Techniken und Verfahren oder zur Rekonstruktion archäologischer Befunde statt. Bei all dem kann der Besucher dem Archäologen über die Schulter schauen und den Weg vom Grabungsbefund zur Rekonstruktion mitverfolgen.

Thema der im rekonstruierten Langhaus I untergebrachten Ausstellung „Zeitreise – Leben vor 3000 Jahren" ist das Zusammenspiel von Mensch, Umwelt und Technik. Hier erfährt man, warum sich die bronzezeitlichen Menschen in Hitzacker niederließen, wie sie ihre Werkzeuge herstellten, welche Kleidung sie trugen, was sie aßen, welche Gefahren sie bedrohten, ob es Kriege gab … kurz, wie sie ihr Leben meisterten.

Mehr als 3000 Jahre ist es her, dass die bronzezeitlichen Menschen das Ufer des Hitzacker-Sees besiedelten und hier ihre Häuser errichteten, Felder anlegten und Vieh züchteten. Erwartete sie hier ein hartes Leben oder ein unbeschwertes

Dasein im Einklang mit der Natur? Noch waren die technischen Hilfsmittel begrenzt, in der „Werkzeugkiste" lagen vor allem Geräte aus Stein und Geweih. Doch die Entdeckung des neuen Werkstoffs Bronze, einer Legierung aus Kupfer und Zinn, eröffnete gänzlich neue Möglichkeiten. Die „Zeitreise" nimmt den Besucher mit in den Strudel der Ereignisse vor mehr als 3000 Jahren.

NEUE VERMITTLUNGSKONZEPTE FÜR „ALTE" THEMEN

Die immer weiter voranschreitende Einigung Europas führt, verbunden mit dem Wegfall trennender Grenzen, zu einer zunehmenden Mobilität der Bevölkerung. Reisen in ferne Länder sind heute keine Seltenheit mehr. Mit dem gestiegenen Interesse an fremden Kulturen setzt jedoch auch vielerorts eine Rückbesinnung auf die eigene Geschichte, Tradition, Verhaltensweise und regionale Identität ein. Durch ein neuartiges Museumskonzept, das mit seinem interdisziplinären Forschungs- und Arbeitsansatz bewusst die Grenzen konventioneller Museumsplanung überschreitet, will man im Archäologischen Zentrum Hitzacker insbesondere Kindern und Jugendlichen die Inhalte, Probleme und Ziele der Vor- und Frühgeschichte vermitteln. Die komplexen Themen und Methoden von Archäologie und Kulturgeschichte sollen im AZH dreidimensional und interaktiv im wahrsten Sinne des Wortes „begriffen" werden. Der Schwerpunkt des Archäologischen Zentrums liegt daher seit seiner Gründung auf dem erlebnispädagogischen Bereich.

MENSCH UND UMWELT: EIN ZEITLOSES THEMA

Heute wie in der Bronzezeit war die Lebensqualität des Menschen stark von den Umweltbedingungen abhängig. Der archäo-ökologische Lehrweg „Zeitpfade" des AZH führt in verschiedene Lebensräume ein, die in ähnlicher Form auch in der Bronzezeit existiert haben könnten. An den einzelnen Stationen werden jeweils prähistorische Technik und bronzezeitliches Handwerk erklärt, „Aktionstipps" sollen zum eigenen Mitmachen anregen.
Wie sehr Mensch und Umwelt voneinander abhängig sind und sich gegenseitig beeinflussen, zeigt auch der am Harlinger Bach angelegte Naturlehrpfad sowie ein Teichbiotop im Nordosten des Geländes. Beim Gang über das im Nordwesten gelegene Feld- und Pflanzenbauareal erfährt der Besucher, welche natürlichen Ressourcen den bronzezeitlichen Menschen zur Verfügung standen und wie sie diese nutzten. Das bereits seit der Jungsteinzeit bestehende komplexe Spannungsfeld zwischen Mensch, Natur und Technik wird hier erlebbar gemacht. So soll das Bewusstsein der jungen Menschen auch für die heutige Um-

Blick vom Teichbiotop auf das bronzezeitliche Langhaus III und das kleine Totenhaus.

Geländeansicht des AZH mit Langhaus I und II.

weltproblematik geschärft werden. Deshalb bleibt das AZH, das sich zwar primär als archäologisches Freilichtmuseum versteht, auch nicht in der Vergangenheit stehen, sondern verbindet in seinem Angebot Vergangenheit, Gegenwart und Zukunft. Geschichte ist interessant, spannend und macht Spaß! Diese Botschaft will man im AZH den Besuchern mit auf den Heimweg geben. Und wer einen ganzen Tag lang richtig engagiert im AZH „mitgearbeitet" hat, der weiß anschließend, wie man ein ordentliches Feuer ohne Streichhölzer macht, Lehm- und Flechtwände baut, Steingeräte herstellt, Einbaum fährt und mit dem Langbogen jagt. Neben den Aktionsprogrammen, die auf Wunsch auch als Module mit spezifischen Themenschwerpunkten zusammengestellt werden können, bietet das AZH seinen Besuchern auch Führungen an. Geschulte Betreuer geben einen Überblick zur Archäologie am Hitzacker-See, zu den Rekonstruktionen sowie zu Handwerk, Umwelt und Leben in der Bronzezeit. Auch überregional ein Ereignis sind die „Tage der lebendigen Archäologie". An zwei Wochenenden im Juli und August finden dann attraktive und vielfältige Vorführungen und

Aktionen statt. Aber auch Kindergeburtstage, Betriebsfeiern oder andere Ereignisse können im AZH gefeiert werden. Besonders beliebt ist das Sonderprogramm „Eine Nacht in der Bronzezeit", bei dem man romantisch gruselige Nächte im Langhaus verbringen kann. Egal, für welches Angebot man sich als Besucher entscheidet, am Hitzacker-See wird alles zum unmittelbaren Erlebnis!

Das Langhaus I im Bau, im Hintergrund der Hitzacker-See.

Im Innern der frühbronzezeitlichen Langhausrekonstruktion II.

Info

Archäologisches Zentrum Hitzacker | Hitzacker-See
29456 Hitzacker | tel 05862|6794
fax 05862|985988
www.archaeo-centrum.de

Öffnungszeiten

April und Okt. Di bis Fr 10–16, Sa, So, Fei, 10–18 Uhr;
Mai bis Sept. Di bis So, Fei 10–18 Uhr

Anreise

- Mit der Bahn:
  von Lüneburg über Dahlenburg nach Hitzacker; von hier sind es 20 Minuten zu Fuß auf einem Spazierweg zum Hitzacker-See.
- Mit dem Auto:
  von Lüneburg über die B216, von Uelzen über die B71, B191 und B493, von Ludwigslust auf der B195 und B191, von Salzwedel über die B248 und B71.

Das AZH liegt unmittelbar an der Elbuferstraße Richtung Wussegel. Innerhalb der Stadt ist das AZH ausgeschildert. Beim Museum gibt es einen gebührenfreien Parkplatz.

Besondere Angebote (gegen Gebühr)

- Führungen
- Aktionsprogramme
- Übernachtungen im Langhaus
- Einbaumfahren
- Brotbacken
- Bogenschießen

Das Langhaus III wird als Informationszentrum genutzt. Hier ist die Ausstellung „Zeitreise – Leben vor 3000 Jahren" untergebracht.

Unbekannte Idealstadt

Mönche aus dem Kloster Wörschweiler berichten in einer Chronik von einer römischen Siedlung in Schwarzenacker, die so groß gewesen sein soll wie das mittelalterliche Worms. Ihre wirtschaftliche Grundlage war ein umfangreicher Marktbetrieb, der Bevölkerung und Truppen an Limes und Rhein mit landwirtschaftlichen und gewerblichen Produkten versorgte. Der Name dieser antiken Stadt ist nicht bekannt, geblieben sind aber die Ruinen, aus denen in den letzten Jahren das Römermuseum Schwarzenacker entstanden ist.

Die gallorömische Siedlung von Schwarzenacker umfasste zu ihrer Blütezeit vom 1. bis 3. Jh. n. Chr. eine Fläche von 25–30 ha und bestand aus etwa 2000 Einwohnern. Ausgrabungen der 1960er-Jahre zeigten, dass die Siedlung nach den Grundsätzen einer italisch-römischen Stadtneugründung angelegt war. Rechtwinkling aufeinander treffende, gepflasterte Straßen werden von breiten Abwässerkanälen flankiert. Parallel dazu verlaufen die Häuserfronten, an die sich die von Säulen oder Pfeilern getragenen Pultdächer der Portiken anlehnen. Teile der Gebäude wurden wieder aufgebaut und bilden mit dem übrigen Mauerwerk und den Außenanlagen das römische Freilichtmuseum.

Derzeit werden einige Streifenhäuser nach neueren Grabungs- und Forschungsergebnissen umgebaut und erweitert. Ein Teil der Reihenhäuser wird dann giebelständig zur Straße stehen. Auf der gegenüberliegenden Seite der Streifenhäuser ist eine Insula mit repräsentativen Einzelhäusern bebaut. Hierzu gehört auch das so genannte „Haus des Augenarztes". Sein repräsentativer Empfangsraum mit Fußbodenheizung und Wandmalerei ist rekonstruiert. Weidenmöbel wie Korbsessel und Tisch geben einen Hinweis auf die typischen Einrichtungsgegenstände der Region. Zwischen der rekonstruierten Portikus dieses Hauses und der Straße liegt ein Abwasserkanal, der die Straßenzüge begleitet und unter der Taberna des Gastwirts „Capitolinus" hindurchführt. Diese Kneipe steht direkt an der Straßenkreuzung und hat zwei Türen, von denen aus man entweder zur Straße oder auf den Bürgersteig des Augenarzthauses gelangte. Wer also die Straße überqueren wollte, musste durch die Taberna – ein Trick des Wirtes, die Gäste bei sich verweilen zu lassen. Große Vorratsgefäße und eine Feuerstelle neben dem Gebäude belegen die Versorgung mit gebratenem Fleisch, Suppen und Eintöpfen. Ein typisches kupfernes Siebkellengeschirr (Kasserolle) wurde für den Weinausschank benutzt. Aber auch Austern, die in Holzfässern vom

Die an einer Straßenkreuzung gelegene Taberna des Capitolinus. Für den Wirt war es nicht sehr schwer, Gäste zu bekommen, denn jeder, der die Straße überqueren wollte, musste den Weg durch die Kneipe nehmen.

Triclinium des Augenarzthauses. Aus Weidengeflecht hergestellte Möbel waren typisch für die Region.

Atlantik kamen, standen auf der Speisekarte. Das Entsorgungsproblem hatte der Wirt ebenfalls clever gelöst: Über das Fenster an der Giebelseite konnte er seinen Abfall direkt durch die übereinander gesetzten und aufgebohrten Steine in den Abwasserkanal schütten.

EIN EXTREM ERGIEBIGER KELLERBAU

Neben dem steinernen Augenarzthaus liegt das in Fachwerkkonstruktion errichtete Säulenkellerhaus. Es diente vermutlich als Zunft-, Vereins- und Verwaltungshaus auswärtiger italischer Händler. Lebensgroße Wandmalereien zeigen den Weingott Bacchus und seine Gefolgschaft aus Satyrn und Mänaden. Offensichtlich wurde hier nicht nur gearbeitet, sondern auch tüchtig gefeiert. Dies belegen auch die entdeckten Tamburinschellen, Utensilien bei musikalischen und tänzerischen Einlagen.

Besonders beeindruckend ist der extrem weitläufige Keller, dessen Decke von fünf Mittelsäulen gestützt wird. Zwei davon waren als Rundtische mit Abstellmöglichkeiten für Öllämpchen gestaltet. Herausragend sind auch die hier gefundenen römischen Bronzestatuetten, wie etwa die des „Genius Populi Romani" (Schutzgott des römischen Staatswesens). Sie zählt zu den künstlerisch wertvollsten Bronzen der Römerzeit nördlich der Alpen und stammte aus einer stadtrömischen Werkstatt. Auch die anderen römischen Statuetten von Neptun, Apoll, Victoria, Merkur und eine Merkurgruppe mit Keiler, Böckchen und Hahn stehen deutlich über dem Niveau provinzialrömischer Schöpfungen. Zahlreiche Funde aus Schwarzenacker werden im historischen Museum der Pfalz in Speyer aufbewahrt, unter anderem kann man hier auch den

Der Kentaurenkopf zählt zu den qualitätvollsten Bronzeplastiken römischer Zeit, die nördlich der Alpen gefunden wurden.

Blick von der Straße zum Augenarzthaus (li.) und Säulenkellerhaus (re.).
Die Säulen neben dem Abwasserkanal trugen einst Portiken dieser Gebäude.

Das Innere der Taberna mit der aus Holz rekonstruierten Theke.

Merkurtempel mit barockem Museumsgebäude im Hintergrund.

berühmten Kentaurenkopf besichtigen. Diese schon in römischer Zeit zerstörte 4040 g schwere Bronzeplastik aus der Zeit des Kaisers Augustus wurde in Zweitverwendung als Gewicht für eine Schnellwaage benutzt.

„UMWELTVERSCHMUTZER" AUSSERHALB DER STADT

Mit Ausbreitung der Siedlung im 1. Jh. n. Chr. mussten auch die Töpferöfen aufgegeben werden, da sie jetzt innerhalb der Siedlung zu liegen kamen. Man errichtete daraufhin am anderen Ende der Stadt eine neue Töpferei, die die Bevölkerung mit Alltagsgeschirr versorgte. Jetzt trieb der Wind Rauch und Lärm nicht mehr in die Siedlung, ganz so wie es Vitruv in seinen Grundsätzen für den Bau einer neuen Siedlung gefordert hatte. Betriebe, die Lärm, Geruch und Rauch produzieren, gehören an den Stadtrand, wo normalerweise der Wind die Stadt verlässt. Leider sind wir auch heutzutage noch nicht ganz so weit.
Die Bewohner des vicus Schwarzenacker hatten ihre Häuser gut ausgestattet. So verfügte in der Regel ein Raum, meist das Wohnzimmer, über Fußbodenheizung, hier waren oft auch Wandmalereien angebracht. Neben einfachen Kassettengliederungen finden wir figürliche Malerei und Bilder, die sich thematisch an mediterranen römischen Vorbildern orientierten. Zu jedem Haus gehörten Stau- und Arbeitsräume sowie überdachte Hofbereiche, die ebenfalls als Lager- und Arbeitsräume dienten. Hier lagen auch die Feuerstellen und Backöfen. Latrinen befanden sich meist in den Gärten. Der große Nord-Süd-Abwasserkanal endet in einer Filteranlage aus Kies. Damit sorgte man dafür, dass das Wasser sauber in die Blies zurückgelangte – auch dies ganz im Sinne von Vitruv, der nicht nur eine qualitätvolle Wasserversorgung, sondern auch -entsorgung propagierte.

EINE GÖTTIN FÜR DIE BIENEN UND ANDERE KURIOSITÄTEN

Mitten in der Stadt befand sich ein kleines Heiligtum, in dem die Stadtbewohnern ihren Göttern, allen voran Merkur, Referenz erwiesen. Als Reliefs erhalten sind Epona, die Schutzgöttin von Pferden

Info

Römermuseum Homburg-Schwarzenacker | Homburger Straße 38 | 66424 Homburg-Schwarzenacker
tel 06848|875 | fax 06848|730774
touristikinformation@homburg.de | www.homburg.de

Öffnungszeiten
März bis Okt. Di bis So 9–17 Uhr; Nov. bis Feb. Sa, So, Fei 10–16.30 Uhr

Führungen
Jeden Sonntag 15 Uhr; Gruppenführungen auch außerhalb der Öffnungszeiten nach vorheriger Anmeldung.

und Fuhrleuten, und Nantosuelta, die für Bienen, Honig und Met zuständig war. Zu den Funden aus dem innerstädtischen Heiligtum gehören auch der Kopf einer Minervastatuette aus Sandstein sowie eine kleine Minervastatuette aus Bronze. Etwas Besonderes ist der hier entdeckte Pentagon-Dodekaeder, ein Bronzewürfel aus 12 regelmäßigen Fünfecken. Etwa 100 solcher Stücke wurden bislang ausschließlich in den keltischen Provinzen des Imperium Romanum gefunden.

Ein Relief mit einer Venus, drei Grazien und Amor bildeten den figürlichen Abschluss einer Wasserleitung mit Brunnenbecken. Allen Figuren hatten die Germanen aus Furcht vor dem bösen Blick die Köpfe abgeschlagen. Ebenso ist der Löwenkopfwasserspeier zerstört worden. Unklar ist, ob es sich bei dem Relief um ein „Werbeschild" für ein Bordell handelt. Solche „Etablissements" lagen meist an großen Straßenkreuzungen. In Schwarzenacker liegen an der großen Straßenkreuzung eine Bäckerei und ein Gasthaus. Gegenüber der Taberna des Capitolinus, ebenfalls an der Straßenkreuzung steht ein großes Gebäude mit zahlreichen kleinen Räumen. Es könnte sich hier um eine Herberge, vielleicht aber auch um ein Bordell gehandelt haben. Genaueres lässt sich wohl nicht mehr in Erfahrung bringen.

Bis zum heutigen Tag wird in Homburg-Schwarzenacker gegraben, wieder aufgebaut und restauriert. Schwarzenacker ist ein sich fortentwickelndes Museum, dessen Ist-Zustand sich tagtäglich selbst überholt. So sucht man etwa immer noch nach Hinweisen auf bislang noch nicht belegte Gebäude, wie etwa Thermenanlagen oder auch ein Amphitheater. Es ist relativ unwahrscheinlich, dass es derartige Einrichtungen an diesem Zentralort des römischen Verwaltungssystems nicht gegeben haben soll.

Direkt neben dem Freilichtbereich liegt das Edelhaus, ein Landsitz aus dem 18. Jh. Hier sind zahlreiche Funde aus den Werkstätten keltisch-römischer Handwerker und Künstler zu bestaunen. Im dazugehörigen Barockgarten wurde ein gallorömischer Umgangstempel für den Gott Merkur rekonstruiert.

EIN ENDE MIT SCHRECKEN

Nachdem germanische Volksstämme schon mehrfach im 3. Jh. n. Chr. den Rhein zu Raubzügen überschritten hatten, drangen Franken und Alemannen 275/76 in Gallien ein und hinterließen eine Spur der Zerstörung in Städten, Siedlungen und Höfen. Auch die römische Siedlung auf dem Schwarzenacker blieb nicht verschont. In Panik flüchteten die Bewohner aus ihrer Stadt, die in einer Feuersbrunst für immer zerstört wurde. Wie wenige Funde des 4. Jh. und aus der Merowingerzeit belegen, lebten zwar in späteren Zeiten wieder Menschen auf dem Areal, an die einstige Bedeutung der römischen Ansiedlung konnten jedoch nachfolgende Bewohner nicht mehr anknüpfen.

Am Tag der offenen Tür werden die Straßen der römischen Stadt wieder belebt.

Thronhalle unter freiem Himmel

Inmitten des heute noch „Saal" genannten Quartiers von Ingelheim am Rhein sind die Reste einer Pfalzanlage zu entdecken, die zeitweilig zu den wichtigsten Königs- und Kaiserresidenzen des mittelalterlichen Deutschen Reiches zählte. Eindrucksvolle Reste haben sich sowohl vom Gründungsbau Karls des Großen aus dem späten 8. Jh. erhalten als auch von den Bauten seiner Nachfolger, die den Palast bis zur Mitte des 14. Jh. mehrfach um- und ausgebaut haben.

Aus archäologischer Sicht ist die Untersuchung der Kaiserpfalz Ingelheim ein Unternehmen mit Vorrang, da gesicherte Funde und Befunde nur aus fünf von ehemals über 120 Pfalzen karolingischer Zeitstellung vorliegen. Die freigelegten Teile der einst komplexen Architektur werden heute durch gezielte bauliche Maßnahmen für den Besucherverkehr erschlossen. Bis 2007 sollen die hierzu notwendigen Forschungsarbeiten sowie Bau- und Sanierungsvorhaben abgeschlossen sein. Wesentliche Teile des Denkmals wie etwa der Thronsaal Karls des Großen sind bereits zugänglich und didaktisch aufbereitet. Ein historischer Rundweg führt über insgesamt achtzehn Stationen, Schwerpunkte bilden dabei die Aula regia, die Saalkirche und das Heidesheimer Tor.

Gleich hinter dem Eingang in der Karolingerstraße führt eine Treppe auf das historische Bodenniveau der Aula regia hinab, in deren Mauern Hoftage, Reichsversammlungen und Herrschertreffen stattfanden. Man betritt den 40,5 m langen Rechtecksaal durch ein Doppelportal in der Nordwand. Von hier aus geht man direkt auf die eindrucksvolle halbrunde Thronapsis zu. Drei nach dem Befund rekonstruierte Treppenstufen führen hinauf zu dem Platz, an dem Könige und Kaiser residierten. Von der kostbaren Innenausstattung wurden polychrom bemalter Wandputz und kleinteilige Platten eines Schmuckfußbodens geborgen. Eine Auswahl dieser Funde ist vor Ort zu sehen. Text- und Bildtafeln sowie zwei Computerterminals erläutern die Baugeschichte dieses Thronsaals, dessen Form und Raumausstattung in der Tradition der (spät-)antiken Palastaulen vom Typ der Konstantinsbasilika in Trier stehen.

Mittelpunkt des Stadtquartiers „Saal" ist heute die ehemalige Pfalzkirche. Von allen Gebäuden der Anlage ist sie am vollständigsten erhalten, ihr Querhaus, die Apsis und die Chorflankentürme stammen noch aus dem Hochmittelalter. Die ältere Forschung sah in dem Sakralbau die Pfalzkapelle Karls des Großen, bis jüngere Ausgrabungen zeigten, dass die Kirche erst im 10. Jh. nachträglich in den Bauverband eingefügt worden ist. Der Standort

Blick in die Thronapsis der Aula Regia, Ansicht von Norden.

Ein einzigartiges Denkmal der Technikgeschichte ist die Warmluftheizung an der Außenwand der Aula-Apsis. Sie wurde in einem Schutzbau konserviert und begehbar gemacht.

Info

Kaiserpfalz Ingelheim – Besucherzentrum
François-Lachenal-Platz 5 | 55218 Ingelheim am Rhein
tel 06132|714701 | fax 06132|714707
www.kaiserpfalz@ingelheim.de

Öffnungszeiten

Besucherzentrum und Museum
1. April bis 31. Okt. Di bis So 10–12.30 und 13.30–17 Uhr;
1. Nov. bis 31. März Di bis So 10–16 Uhr
Freigelände: ganzjährig tgl. von 9–17 Uhr

Anreise

- **Mit dem Auto:**
  Autobahnanschlussstellen Ingelheim-West und -Ost an der A60, im Stadtgebiet der Wegweisung „Kaiserpfalz" folgen.
- **Mit der Bahn:**
  Regionalexpress ab Hbf Mainz bis Ingelheim.

einer Vorgängerkirche ist hingegen unbekannt. Damit ist der Bau ein Zeugnis jener Zeit, in der das Ingelheimer Palatium als bevorzugte Festtags- und Synodalpfalz höchste Bedeutung erlangte. Diesem Jahrhundert widmet sich eine ab Ende 2004 zugängliche Dauerausstellung mit dem Titel „Die Pfalz der Ottonen", die zurzeit im Nordquerhaus der Kirche eingerichtet wird.

Beim so genannten Heidesheimer Tor handelt es sich um ein Befestigungsbauwerk, dessen älteste Teile in das 12. Jh. zurückreichen. Vermutlich zur Zeit Friedrich I. Barbarossas vollzog sich die bauliche Entwicklung vom unbefestigten Palatium zum Castrum Regium, das seine Hauptbestimmung fortan in der staufischen Territorialpolitik hatte. Hinweise auf ein zentrales Tor sind aber nicht mehr erhalten.Zu beiden Seiten des Denkmals schließen Mauern einer monumentalen halbkreisförmigen Exedra an. Ihr Durchmesser betrug 89 m. Auf der Innenseite verlief ein Säulengang mit antikem und antikisierendem Bauschmuck, vor ihrer Außenfassade waren in regelmäßigen Abständen kreisrunde Türme angeordnet. Diese Architektur ist für das Mittelalter einzigartig. Die denkmalgerechte Erschließung des Heidesheimer Tores mit dauerhafter Freilegung und Konservierung der Befunde ist bis 2006 geplant.

Zur Vor- oder Nachbereitung der Geländeexkursion empfiehlt sich ein Besuch der Kaiserpfalz-Ausstellung im Museum. Hier wird u. a. die Entstehung eines neuen Volumenmodells der Kaiserpfalz basierend auf den Ergebnissen der laufenden archäologischen Ausgrabungen dokumentiert. Eine neue Attraktion ist die computergenerierte Architekturrekonstruktion der Aula regia, die dem Betrachter einen virtuellen Rundgang durch die Palastaula Karls des Großen ermöglicht.

Gesamtansicht der Aula Regia von Nordost. Das Denkmal wurde 1994 von der Stadt Ingelheim erworben, 1994–1997 archäologisch untersucht und im Jahr 2001 nach der denkmalgerechten Neugestaltung feierlich eröffnet.

Goethe, Götz und Römer

Dass Jagsthausen, ein Dorf mit gerade einmal 1200 Einwohnern, im gesamten deutschsprachigen Raum bekannt ist, verdankt es Goethe und seinem berühmten dramatischen Erstling Götz von Berlichingen, dessen derber Spruch noch heute während der sommerlichen Theateraufführungen in den Abendhimmel hallt. Doch auch archäologisch hat die Stadt mehr zu bieten, als man vielleicht weiß, denn mitten in ihrem Zentrum liegen die Überreste eines römischen Bades.

In unmittelbarer Nähe zu Jagsthausen verlief in römischer Zeit der obergermanische Limes. Zur Sicherung dieses Grenzwalls errichteten die Römer im 2. Jh. hier ein etwa 2,5 ha großes Kastell, das etwa 500 Soldaten Unterkunft bot. Zu dem Kastell gehörte eine zivile Ansiedlung, in der die Angehörigen der Soldaten, vor allem aber Händler und Handwerker lebten. Da die antike Siedlung erheblich größer und bevölkerungsreicher war als das heutige Dorf, blieben Teile der römischen Anlagen unzerstört im Gelände erhalten. Das hat zur Folge, dass den Archäologen bis heute immer wieder überraschende Funde gelingen, so konnte etwa 2001 einer der größten Ziegeleiöfen in Süddeutschland freigelegt werden. Aber auch die Topografie lässt die antiken Strukturen noch erkennen: Götzenburg und Weißes Schloss liegen an der nördlichen bzw. westlichen Außenseite des Kastells, das Rote Schloss steht am Ort der Principia, des Stabsgebäudes und die Kirche kennzeichnet das Prätorium, die Kommandantenwohnung. Die Straße folgt dem Verlauf der via principalis. Eine Übersichtstafel am Eingang des Burgparks erläutert dem Besucher die Zusammenhänge.

Zwischen Rathaus und Grundschule liegen die frei zugänglichen Überreste eines römischen Militärbades. Der zum so genannten Reihentypus gehörige Komplex war mindestens 40 m lang.

Info

Freilichtmuseum Römerbad | Friedrich-Krapf-Straße
74249 Jagsthausen
www.jagsthausen.de

Öffnungszeiten
Das Freilichtmuseum ist frei zugänglich und durch Tafeln ausführlich erklärt.
Museum in der Götzenburg März bis Nov. tgl. 9–12, 13–17 Uhr.

Führungen
werden vom Förderverein Römerbad e.V. angeboten, Anfragen an:
Bürgermeisteramt Jagsthausen, tel 07943|91010

Anreise
Über A81 Heilbronn–Würzburg, Abfahrt Möckmühl/ Jagsthausen

VERBLÜFFENDE FUNDE

Das Freilichtmuseum Römerbad im Ortskern von Jagsthausen spiegelt den Grundriss eines römischen Militärbades um das Jahr 200 n. Chr. wider. Eine 1995 entdeckte Bauinschrift weist es als Badestätte der Cohors 1 Germanorum aus. In Kalt-, Warm- und Heißbädern erholten sich hier die Legionäre von ihren Blessuren und genossen den Luxus an der äußersten Reichsgrenze, schon nah bei den Barbaren. Verblüfft sind die Besucher jedes Mal, wenn sie erfahren, dass die älteste und die jüngste Inschrift vom vorderen Limes aus Jagsthausen stammt. Dank dieser Funde lässt sich die Existenzdauer dieses Bauwerks ziemlich genau bestimmen. Herausragende Stücke sind auch gestempelte Ziegel der XXII. Legion, deren Hauptquartier in Mainz lag: Chemische Analysen ergaben als Ursprungsort die Legionsziegelei in Frankfurt-Nied. Zahl und Masse legen nahe, dass die Ziegel über Main, Rhein, Neckar und Jagst auf dem Wasserweg transportiert wurden, der Fund eines Bootshakens bestärkt die Annahme, dass die Jagst zumindest saisonal schiffbar war. Jagsthausen war durch sein „Mutterkastell" Wimpfen, damals eine ummauerte römische Stadt gegenüber der Mündung der Jagst, noch besonders gesichert. Und bei Wimpfen verlief eine römische Straße, die einer schon prähistorischen Hauptverbindung in Ost-West-Richtung folgte. Mit Sicherheit wurde von hier auch Handel über den Limes hinaus getrieben.
In der Mitte des ehemaligen Kastells liegt die Götzenburg, so genannt nach ihrem berühmt gewordenen früheren Bewohner Götz von Berlichingen. Die Gebäude der malerischen Anlage umschließen einen romantischen mittelalterlichen Hof, Schauplatz der jährlich stattfindenden Burgfestspiele. An der östlichen Hofseite liegt der Palas, im südlichen Bereich schließt sich das so genannte Frauenhaus mit Kemenate an. Nördlich des Hofes befindet sich ein Anbau für Dienstboten. Er wird von zwei gewaltigen, achteckigen Türmen eingerahmt. In der Götzenburg befindet sich ein Museum mit römischen und mittelalterlichen Funden, unter anderem ist hier auch die berühmte eiserne Hand des Götz von Berlichingen zu sehen.

Innerhalb des Badegebäudes fanden sich mehrere Steinbildnisse und Weihealtäre, die verraten, dass man sich in der behaglichen Atmosphäre des Bades wie unter der Obhut einer beschützenden Gottheit wähnte. Dieses Relief der Fortuna befindet sich heute im Museum in der Götzenburg.

Spuren einer Entscheidungsschlacht

Jahrhundertelang hat man ihn vergeblich gesucht: den Ort der Varusschlacht. Ende der 80er-Jahre brachten überraschende Funde am Kalkrieser Berg den Stein wieder ins Rollen. Seitdem finden hier Ausgrabungen statt. Die Ergebnisse lassen keine Zweifel: Der Ort der Varusschlacht ist entdeckt. Im Sommer 2000 entstand auf dem Areal ein Landschaftspark, zwei Jahre später eröffnete das Museum. Es zeigt den aktuellen Forschungsstand und etwa 3000 Ausgrabungsfunde, darunter auch die eiserne Gesichtsmaske eines römischen Reiterhelmes.

Heute präsentiert sich die Landschaft am Kalkrieser Berg idyllisch und friedlich: Ein sanft geneigter Hang, Wiesen und Felder, hier und da ein Bauernhof. Kaum zu glauben, dass an diesem Ort im Jahre 9 n. Chr. die Germanen unter Führung von Arminius, dem Cherusker, jenen Hinterhalt errichteten, der dem römischen Feldherren Publius Quinctilius Varus und seinen Legionen zum Verhängnis wurde. Doch die Idylle trügt. Vor 2000 Jahren bot sich dem Betrachter ein anderes Bild: Ein bewaldeter, weit in das Flachland vorragender Berg, ein durch Bäche, Rinnen und Senken geprägter Hang, eine am Hangfuß verlaufende sumpfige Niederung, die bis an das Große Moor reichte, das den Weg nach Norden kilometerweit versperrte – man hatte die Römer in einen Engpass gelockt.

Seit 1989 sind Archäologen und Naturwissenschaftler jenem Ereignis auf der Spur, das man zuvor nur aus den antiken Überlieferungen kannte und dessen Ort seit dem 16. Jh. mitunter nahezu fieberhaft gesucht worden war – die Varusschlacht. Zeitweilig standen nicht weniger als 700 Orte im Verdacht, Schauplatz jener tragischen Niederlage der Römer gewesen zu sein – einer davon war Kalkriese. Unzählige Funde römischer Gold- und Silbermünzen veranlassten 1885 keinen geringeren als Theodor Mommsen dazu, den Ort der Varusschlacht hier zu lokalisieren. Doch das Urteil aus renommiertem Munde blieb ohne Wirkung. Ein Schlachtfeld anhand von Münzfunden? – Das konnte die Kritiker nicht überzeugen.

Gut 100 Jahre später trat der englische Offizier und Hobbyarchäologe Major Clunn auf den Plan. 1989 entdeckte er drei Schleuderbleie. Damit

Blick von Süden auf den Museumsbau mit seinem 40 m hohen Turm.

Eine Stelenreihe trennt den Kalkrieser Park in „Germanenwald" im Süden und „Römerweg" im Norden.

waren erstmals römische Waffen, ein untrügliches Indiz für die Anwesenheit römischer Truppen am Kalkrieser Berg, zutage getreten. Die folgenden Untersuchungen erbrachten in kürzester Zeit eine Fülle weiterer Indizien: eine 400 m lange Wallanlage am Fuß des Kalkrieser Berges, zahllose Fragmente römischer Waffen und Militärausstattung, Münzen mit dem Gegenstempel des Feldherren Varus, die eiserne Gesichtsmaske eines römischen Reiterhelmes, Ausrüstungsteile von Wagen und Zugtieren, aber auch Kochgeschirr, Werkzeuge, Arztinstrumente, Fibeln, Fingerringe sowie Gruben mit Knochen von Gefallenen.

FÜR INTERPRETATIONEN OFFENE LANDSCHAFTSGESTALTUNG

Den bisherigen Ergebnissen zufolge erstreckt sich das antike Schlachtareal über eine annähernd 50 ha große Fläche. Das Zentrum der Kämpfe lag offenbar auf dem Oberesch, einer Flur am Nordhang des Kalkrieser Berges – heute der 24 Hektar große Landschaftspark des Museums. Hier erwartet den Besucher eine abstrakt künstlerische Interpretation des Ortes, die dazu einlädt, Augen und Gedanken schweifen zu lassen und sich ein eigenes Bild des einstigen Geschehens zu machen. So wird etwa über eine Stelenreihe der Verlauf der germanischen Wallanlage markiert, während der Stahlplattenweg symbolisch Richtung und Weg des römischen Heeres nachzeichnet.

Der von den Schweizer Architekten Gigon/Guyer (Zürich) und den Landschaftsarchitekten Zulauf/Schweingruber/Seippel (Baden, Schweiz) entworfene Park ist in zwei Bereiche gegliedert – den „Germanenwald" im Süden und den „Römerweg" im Norden – dazwischen verläuft die Stelenreihe. Der dicht bewaldete und von schmalen Pfaden durchzogene „Germanenwald" vermittelt einen Eindruck vom Aktionsraum der Germanen und ihrer partisanenartigen Angriffstechnik. Hingegen verläuft der durch den Stahlplattenweg versinnbildlichte „Römerweg" über eine Wiesenfläche, unter der sich das eigentliche Schlachtfeld verbirgt. Eine modellhafte Darstellung der damaligen Landschaft mit der hierin eingebetteten Rekonstruktion der Wallanlage ist in der Mitte des Parks im so genannten „Landschaftsschnitt" zu sehen.

Die Spurensuche führt den Besucher als Erstes in die große Bibliothek – bewegliche Bücher, Archivkarten und Bilder ermuntern zum Stöbern.

An den „Internationalen Römer- und Germanentagen" ziehen die Legionäre wieder wie einst vor 2000 Jahren guten Mutes in die Schlacht, aus der die meisten nicht zurückkehrten.

Jedes Jahr finden im Park Ausgrabungen statt. Sie liefern aufschlussreiche Hinweise zum Schlachtgeschehen und bieten Besuchern einen authentischen Eindruck der täglichen archäologischen Arbeit sowie je nach Wetter und Arbeitsaufkommen auch Gelegenheit zum Gespräch. Die bisher erzielten Forschungsergebnisse werden in der Dauerausstellung des neu errichteten Museums präsentiert. Wie eine Landmarke reckt sich der von Gigon/Guyer entworfene Bau mit seinem 40 m hohen Turm in den Himmel und kennzeichnet so den geschichtsträchtigen Ort auf's Neue – ein anziehender, auffälliger und provokanter Bau. Die Fassade, die wie die Bauten im Park aus wetterfestem Baustahl besteht, versteht sich als Referenz und Würdigung des archäologischen Fundgutes.

Mittelpunkt der Ausstellung ist die Entdeckung der Varusschlacht: eine kriminalistische Spurensuche und ein wissenschaftlicher Indizienprozess. Diese Leitideen verkörpert der fiktive archäologische Detektiv „Herr Stahnke", der mit kurzen Texten den roten Faden durch das Labyrinth der Ermittlung legt. Stahnke fragt, kommentiert, spekuliert und lädt den Besucher ein, sich hieran aktiv zu beteiligen. Was bedeuten die römischen Schleuderbleie und was hat sich hier vor 2000 Jahren wirklich zugetragen – so lauten seine Fragen. Der erste Ermittlungsschritt führt die Besucher in die Bibliothek und Stahnke zu der Erkenntnis, dass „zu viele Hinweise einem mehr zu schaffen machen können als gar keine. An 700 Orten wurde die Varusschlacht schon vermutet… da macht man sich mit jedem weiteren Vorschlag ja nur lächerlich." Doch Stahnke lässt sich nicht entmutigen: „Die Kollegen haben gelacht. Konnte ich ihnen nicht verübeln. Sehe uns noch da stehen – Wiesen und Felder, soweit das Auge reicht, und nichts in der Hand als ein paar Bleiklümpchen und ein paar

Stahlplatten symbolisieren den Weg, auf dem die römischen Legionen vor 2000 Jahren in ihr Verderben zogen.

fixe Ideen. Doch unser Entschluss stand fest: Wir graben. Später hat keiner mehr gelacht." Damit beginnt die eigentliche Spurensuche. Sie führt auf die Grabung, ins Labor, in die umgebende Natur, ins Münzkabinett, in die Geschichte und schließlich in „den Engpass". Die gespaltenen Schädel und Knochen sowie die unzähligen, mitunter stark zerstörten Funde liefern wertvolle Informationen, doch vor allem versinnbildlichen sie das unfassbare Ausmaß jener Tragödie, die sich vor 2000 Jahren im Engpass am Kalkrieser Berg ereignete.

Info

Museum und Park Kalkriese | Vennerstraße 69
49565 Bramsche-Kalkriese
tel 05468|92040 | fax 05468|920445
info@mupk.de | www.kalkriese-varusschlacht.de

Öffnungszeiten

Museum, Park, Shop und Gasthaus
tgl. 10–18 Uhr, von Nov. bis März Mo geschlossen

Öffentliche Führung (ohne Anmeldung)

1. Nov. bis 31. März Mi und Sa 14.30, So und Fei 11 und 14.30 Uhr;
1. April bis 31. Okt. tgl. 15, So und Fei 11 und 15 Uhr

Führungen (mit Anmeldung unter 05461|61826)

Kalkriese total, Sommerführung (mit Besuch der Ausgrabungen), Architekturführung, Nachtführung, geführte Radtouren

Anreise

Das Museum liegt ca. 20 Kilometer nördlich von Osnabrück.
Anreise über die A1, Abfahrt Bramsche auf die B218 Richtung Minden.

Besondere Angebote

- **Für Schulklassen:**
  Auf den Spuren von Römern und Germanen, Geschichten erzählen – Geschichte erleben, Nicht nur Schlacht und Kriege: Das Leben der Römer und Germanen vor 2000 Jahren
- **Erlebnisangebote für Gruppen:**
  Mystik in der Nacht – Fackelführungen im Park, Ein feuriges Erlebnis, Glücksbringer aus Kalkriese, Kochen wie ein Legionär, Germanische Mahlzeit an der Feuerstelle

Für Stahnke ist der Fall klar, nur eine Frage ist noch offen: „Arminius hatte Rom viel zu verdanken: seine Erziehung, sein Können, seine Karriere. Und dann legt ausgerechnet er diesen Hinterhalt. Ist so jemand ein Held? Ein Befreier? Ein Verräter?" Stahnke macht sich erneut auf die Suche. Hinweise gibt es viele. Seit Jahrhunderten beflügelte der germanische Held die Phantasie und avancierte im 19. Jh. sogar zum deutschen Nationalhelden. Doch Arminius eigentlicher Charakter bleibt im Dunkel. Er war immer so wie man ihn brauchte – beherzt, mutig, draufgängerisch und schließlich verzweifelt. Wenn er in der Inszenierung Claus Peymanns der „Hermannschlacht" von Kleist mit letzter Kraft das Schwert hebt, bestehen allerdings kaum Zweifel: Seine Zeit ist abgelaufen. Und was wäre gewesen, wenn Varus gewonnen hätte? – mit ungewöhnlichen Fragen und Antworten beendet dieser Kurzfilm die Spurensuche zur Varusschlacht in Kalkriese.

Jedes Jahr zu Ostern wird der Park zum Schauplatz eindrucksvoller Feuerwerks- und Klangkunstinszenierungen, die inhaltlich an das historische Ereignis anknüpfen.

Viel mehr als nur alte Mauern

Im heutigen Kemptener Stadtviertel „Auf dem Lindenberg" sind Ruinen der einstigen Römerstadt Cambodunum, die im 1. Jh. n. Chr. Hauptstadt der Provinz Raetien und somit Sitz des Statthalters und der Verwaltung war, in weiten Teilen erhalten geblieben. Der Archäologische Park Cambodunum, kurz APC genannt, öffnet drei unterschiedliche „Fenster" in die Vergangenheit der Stadt. Zu erleben sind der teilrekonstruierte „Gallorömische Tempelbezirk", die Ruine der „Kleinen Thermen" und das große Forum in wesentlichen Teilen seiner Grundmauern.

In seiner „Geographika", einer geografischen und historischen Beschreibung der damals bekannten Welt, nennt der antike Geograf Strabon (64 v. Chr. bis ca. 23 n. Chr.) die Stadt der keltischen Estionen „Cambodunum". Von einer größeren keltischen Siedlung fehlt bis heute aber jede Spur. Über die römische Stadt gleichen Namens wissen wir dafür umso mehr.

Gegründet wurde sie am Ende der Regierungszeit des ersten römischen Kaisers Augustus (30 v. bis 14 n. Chr.) als Holzbausiedlung. Diese weitete sich rasch aus, zur Zeit der Kaiser Claudius (41–54 n.Chr.) und Nero (54–68 n. Chr.) entstanden bereits erste größere Steinbauten. Diese dominierten im letzten Drittel des 1. Jh. das Stadtzentrum, das deutlich an mediterrane Vorbilder angelehnt ist: Wohnviertel, sog. insulae, innerhalb eines orthogonalen Straßensystems neben einer Reihe von großen öffentlichen Gebäuden. Diese Blütezeit und ihrer Folgejahre stehen auch im Mittelpunkt der Präsentationen im Archäologischen Park Cambodunum – APC.

Abguss der Augustus-Statue von Primaporta auf dem im Propylon des Forums rekonstruierten Statuenpodest.

Der teilrekonstruierte Gallorömische Tempelbezirk wurde 1987 als erster Abschnitt des Archäologischen Parks eröffnet. 13 Kultbauten aus Stein, die von einer u-förmigen Doppelhalle umfasst werden, geben einen guten Einblick in die religiösen Vorstellungswelten der verschiedenen Bevölkerungsgruppen Cambodunums, seien es romanisierte Kelten, Römer aus den Regionen südlich der Alpen oder Germanen. Die hier verehrten Gottheiten spiegeln einen kleinen Ausschnitt des vielfältigen römischen Götterhimmels wider. Alle teilweise rekonstruierten Bauten sind als Modelle im Maßstab 1:1 zu verstehen: So kann man sich in etwa die Tempel vorstellen, die hier in der 1. Hälfte des 2. Jh. n. Chr. standen. Originale Mauern und aufgesetzte Rekonstruktionen sind überall gut voneinander zu unterscheiden.

Lohnenswert ist die Ausstellung in der rekonstruierten inneren Doppelhalle: Sie informiert anhand von Schautafeln und Fundstücken über die Ausgrabungen im Tempelbezirk, die römischen Gottheiten und deren Verehrung sowie über die Vorgeschichte der Rekonstruktionen.

Am Standort des in römischer Zeit nächstliegenden Wohngebäudes befindet sich heute ein mo-

Blick in den teilrekonstruierten Gallorömischen Tempelbezirk. Im Vordergrund ein Sandsteinaltar für die Göttin Epona. Sie „bewachte" die Pferde, den Stall und das Vieh.

Die Grundmauern der Basilika des flavischen Forums im heutigen Parkgelände. In der nordöstlichen Apsis wurde das einstige Tribunal als Aussichtsplattform teilweise rekonstruiert.

derner Zweckbau; in ihm sind die Hauptkasse, ein Museumsladen mit kleinem Cafe, Wintergarten, Toiletten und sonstige Nebenräume untergebracht.

Als vor der Mitte des 1. Jh. Raetien eigenständige Provinz wurde, dürfte sich der römische Statthalter zumindest zeitweise in Cambodunum aufgehalten haben. Seine Residenz, ein direkt neben dem Forum gelegener palastartiger Bau, wurde nach der Mitte des 1. Jh. als Steinbau neu errichtet. Angrenzend entstanden die „Kleinen Thermen", eine eigene Badeanlage für den Statthalter, seinen Stab und seine Gäste. Als Anfang des 2. Jh. Augsburg Provinzhauptstadt wurde und der Statthalter nun dort residierte, hat man seinen ehemaligen Palast zum Gästehaus umfunktioniert. Die zugehörigen Kleinen Thermen wurden nun ein teilweise öffentliches Bad und um zwei Latrinenanlagen erweitert.

Heute können die Besucher die originalen Grundmauern, Böden, Heizkeller und Kanäle dieser Thermen von einem rollstuhlgerechten, umlaufenden Steg betrachten. Das einstige römische Laufniveau liegt nur etwa 50 cm tiefer als die heutige Parkoberfläche. Auf diesem Horizont überdeckt ein modern gestalteter Schutz- und Ausstellungsbau den Kernbereich der Thermenanlage. Ein großes Gesamtmodell mit Drucktasten für Hinweislichter zeigt die technischen Details der Thermen quasi „in Funktion", Bild- und Texttafeln sowie

Aufgrund der seit 1885 durchgeführten Forschungen konnte von Cambodunum ein nahezu vollständiger Stadtplan erstellt werden. Danach dürfte der zentrale Stadtbereich zum Ende des 1. Jh. n. Chr. so ausgesehen haben wie auf dieser Rekonstruktionszeichnung.

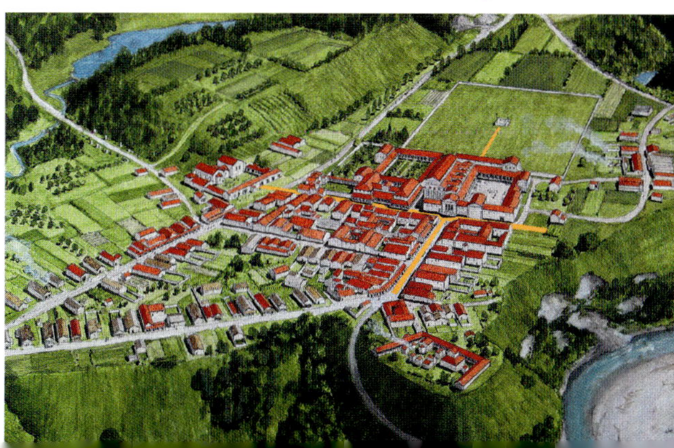

Die Kleinen Thermen unter einer Schutz- und Ausstellungshalle im Archäologischen Park Cambodunum – APC. Im Vordergrund ein Modell der Gesamtanlage; mithilfe von Drucktasten lässt sich daran die originale Ruine in ihrer einstigen dritten Dimension erklären.

Funde informieren über die Anlage und das römische Badewesen im Allgemeinen.
Die Kleinen Thermen gehören noch zur frühen römischen Bautradition, wie wir sie vor allem aus den Vesuvstädten Pompeji und Herkulaneum kennen. Künstliches Licht spielte in den mit nur wenig Tageslicht erhellten Räumen eine große Rolle. Außerhalb der Halle steht die „black box". Hier werden Videofilme rund um den APC vorgeführt, z. B. „Cambodunum geht baden" oder „Cambodunum baut auf".

ZENTRUM STÄDTISCHEN UND ÖFFENTLICHEN LEBENS

Der 3. Abschnitt im APC, das Forum, ist kostenfrei zugänglich. Sein Mittelpunkt ist die Basilika, der größte und nobelste Versammlungsraum der Stadt. Die etwas über das heutige Parkniveau aufragenden Grundmauern des Forums geben einen Eindruck von der Ausdehnung und Lage des Gebäudekomplexes. Vom wieder errichteten Tribunal, einem Podium in einer Apsis des Gebäudes, bietet sich ein guter Überblick. Ein Bronzemodell und verschiedene Schautafeln erläutern die Anlage auch in ihrer einstigen 3. Dimension.
Das Forumgelände erreicht man von der heutigen „Thermenstraße" über eine schmale Schneise im Buschwerk des Parks. Vor Grundmauerresten des einstigen Torbaues zum Forum, dem Propylon, steht man hier am Schnittpunkt der beiden Hauptachsen des einstigen Straßensystems, dem breiten SW-NO orientierten Cardo und rechtwinklig dazu dem Decumanus, der „Forumstraße". Deren Ausgangspunkt war ein großer Altarbau, der wohl der Stadtgöttin Roma und dem vergöttlichten Kaiser geweiht war. Er stand inmitten eines fünf Fußballfelder großen rechtwinkeligen Heiligen Bezirks, in dem jährlich sog. Concilia, Versammlungen für die Stämme und Gefolgschaften der Region, vielleicht zeitweilig der ganzen Provinz stattfanden.

Feste im antiken Ambiente

In den Monaten Juni bis September finden unter dem Titel „APC-Sommer" alljährlich Sonder- und vor allem Abendveranstaltungen im archäologischen Gelände statt: Musik (Klassisches bis Moderne und Jazz), Theater, Bildende Kunst, Lesungen u. ä., bei denen immer wieder auch antike Themen aufgegriffen werden, bei gutem Wetter open air im Gallorömischen Tempelbezirk, bei kühlem oder schlechtem Wetter in der Ausstellungshalle über den Kleinen Thermen.

Nach ihrer Umwandlung zum öffentlichen Bad am Anfang des 2. Jh. wurden an die Kleinen Thermen auch zwei Latrinen angebaut. Hier sind auf den originalen Sandsteinquadern der „Latrine 1" rekonstruierte Holzsitze zu sehen.

Gallorömischer Tempelbezirk – Außenansicht.

Im Gallorömischen Tempelbezirk wurde auch der für Handel und Verkehr zuständige Gott Merkur verehrt, wie diese Bronzebüste belegt. Sie zeigt den Gott mit dem für ihn charakteristischen Flügelhut.

Ein Standbildpodest, direkt an der Decumanusachse im Propylon gelegen, ist heute oberirdisch rekonstruiert und trägt eine Nachbildung der Augustus-Statue von Primaporta.

DIE FORSCHUNGEN GEHEN WEITER

Um die nach wie vor z. T. noch sehr unklare Frühgeschichte von Cambodunum selbst und damit der Provinz Raetien etwas aufzuhellen, fanden in den letzten Jahren umfangreiche Forschungen auf dem Forumgelände statt. Die Fritz-Thyssen-Stiftung ermöglichte ab 1999 entsprechende Sondagegrabungen vor Ort sowie spezielle geologische Untersuchungen. Noch ausstehende weiträumige geophysikalische Prospektionen, die wissenschaftliche Auswertung aller bisheriger Untersuchungen am Forum und deren Publikation sind für die nächsten Jahre geplant.

Info

Archäologischer Park Cambodunum – APC
Gallorömischer Tempelbezirk und Kleine Thermen
Cambodunumweg 3 | 87437 Kempten (Allgäu)
tel 0831|79731

Öffnungszeiten
1. Mai bis 31. Okt. tgl. außer Mo 10–16.30 Uhr;
1. Nov. bis 30. April tgl. außer Mo 10–17 Uhr
(Mitte Dez. bis Mitte März geschlossen)

Führungen
An jedem Sonntag 11 Uhr kostenlose Führung (nur Eintrittspreis erforderlich), an jedem 2. Sonntag im Monat kostenlose Führung in römischem Gewand.

Anreise
Der APC – Archäologische Park Cambodunum ist in Kempten (Allgäu) an allen Hauptzufahrtstraßen auf dunkelbraunen Hinweistafeln mit einem Tempelsymbol ausgeschildert. Vom Ostbahnhof ist er in 10 Minuten zu Fuß und vom Hauptbahnhof mit Bussen (einmal Umsteigen an der ZUM – Zentrale Umsteigestelle) zu erreichen.

Besondere Angebote
Buchung von Führungen sowie Auskünfte zu Workshops wie „Brot-Zeit", „Römische Kleidung" oder „Schreiben in der Antike" im Kulturbüro-Archäologie | Memmingerstraße 5 | 87439 Kempten (Allgäu)
tel 0831|2525200 | fax 0831|2525463 |
stadtarchaeologie@kempten.de

Bauernleben vor 1700 Jahren

Südlich von Berlin, eingebettet in Wiesen, Wälder und Seen, liegt eine 2,5 ha große germanische Siedlung der römischen Kaiserzeit, die fast vollständig freigelegt wurde. Den zahlreichen Grabungsbesuchern fiel es oft nicht leicht, sich anhand der Bodenverfärbungen und Befunde ein Bild von der Siedlung zu machen. Seit 1995 bemüht sich deshalb ein gemeinnütziger Verein darum, eine repräsentative Auswahl verschiedener Gebäudetypen an Ort und Stelle zu errichten und durch museumspädagogische Angebote mit Leben zu füllen.

Das am östlichen Ortsrand von Klein Köris, am Ende des Buschweges gelegene Museumsgelände ist an drei Seiten von Acker, Wiese und Wald umgeben. Am Eingang empfangen den Gast drei frei gestaltete übermannsgroße Holzstelen. Sie stehen symbolisch für die germanischen Stämme der Semnonen und Burgunden, die in der Region gesiedelt haben, sowie für die Wandalen, deren kultureller Einfluss im Fundmaterial deutlich wird. Zudem kann man sich an den Stelen die Moorfunde germanischer Holzidole und andere archäologische Kultbelege vergegenwärtigen.

Durch einen hohen Grundwasserstand in den Pfostengruben hatten sich vielfach Reste der Kiefernholzpfosten erhalten, besonders bei dem häufigsten Gebäudetyp, den 50 bis 70 cm tief in die Erde eingelassenen Grubenhäusern. Ein solches wurde 1998 als erstes Gebäude auf dem Gelände rekonstruiert. Es ist als Spinn- und Webhütte ausgestattet. Derzeit arbeitet man an einem Speicherbau, der zur mäusesicheren Aufbewahrung der Ernte auf Stelzen errichtet wurde, später soll ein ebenerdiges (Wohn-)Gebäude folgen.

BEMÜHEN UM DAS TÄGLICHE BROT

Harte Arbeit auf den kargen, sandigen Äckern, die Haltung von Rind, Schwein, Schaf und Ziege, etwas Sammeln, Jagd und Fischfang erbrachten, was auf dem häufig wohl nur bescheidenen germanischen Speisezettel stand. In Klein Köris werden auf einer kleinen Fläche von den Germanen angebaute Getreide wie Roggen, Gerste, Hafer, Rispenhirse, Hülsenfrüchte wie Bohne und Erbse sowie etliche Würz-, Färbe-, Salat- und Heilpflanzen präsentiert.

Die Spuren der Herdfeuer in den Hausgrundrissen waren fast immer zerstört, in Mulden angelegte Freiluftherde aber häufig gut erhalten. An Aktionstagen oder am Tag des offenen Denkmals dampft über dem Nachbau eines solchen Herdes ein Kessel „ger-

Als erstes Haus des „Germanendorfes“ entstand 1998 ein kleines Grubenhaus mit Bohlenwand aus dem 3. Jh. n. Chr.

manischer" Suppe und in zwei Lehmkuppelöfen garen Brot oder Fladen für das Publikum. Auch Schmiede, Glasperlenmacher oder andere Handwerker, zeigen bei solchen Events ihr Können. Die Wasserversorgung sicherten Brunnen, die den Dorfbewohnern wohl besseres Wasser lieferten als der benachbarte, heute verlandete See. Ein an originaler Stelle wieder errichteter Kastenbrunnen aus Eichenbohlen lädt Jung und Alt zum Wasserschöpfen ein.

Info

Verein Freilichtmuseum Germanische Siedlung Klein Köris e.V. | c/o Sven Gustavs | Lindenstraße 27 | 14467 Potsdam
tel 0331|2801879
Museumsgelände: Buschweg (asphaltiert!), gegenüber Nr. 8, 15746 Klein Köris, Ortsteil von Groß Köris

Öffnungszeiten
April bis Okt. jeden ersten So im Monat; Ostern (So, Mo) und Pfingsten (So, Mo) jeweils 10.30–16.30 Uhr

Führungen
nach telefonischer Absprache

Anreise
- **Mit der Bahn oder Berliner S-Bahn bis Königs Wusterhausen, dann Buslinie 727 bis Klein Köris, Haltestelle Wiesengrund, links durch Wald zum Buschweg.**
- **Ab Bahnhof Groß Köris ca. 4 km Landstraße.**
- **Mit dem Auto A13 Berlin–Dresden, Abfahrt Groß Köris.**

Fragen der Besucher zu den „Exponaten" und den Themen Germanen und Archäologie im Allgemeinen werden vom Führungsdienst gern sachkundig und anschaulich beantwortet.

PROJEKT MIT ZUKUNFT

Mit dem schrittweisen Wiederaufbau eines Teils des „Germanendorfes" von Klein Köris besteht im Land Brandenburg die einmalige Chance, Gebäude und Anlagen einer kaiserzeitlichen Siedlung an ihren originalen Standorten neu zu errichten. Eine derartige Authentizität kann an anderen Orten in diesem hohen Maße nicht erreicht werden, da die in den letzten Jahren ergrabenen germanischen Siedlungen Brandenburgs infolge von Abbaggerung oder Überbauung für derartige Rekonstruktionen nicht mehr zur Verfügung stehen.

Am befundgetreu rekonstruierten eichenen Kastenbrunnen kann man wie zu Germanenzeiten Wasser schöpfen.

An den Aktionstagen kommen auch die zwei Lehmbacköfen auf dem Gelände zum Einsatz. Hier sieht man eine „Germanin" beim Glutziehen vor Einschieben des Brotes.

Lebendige Vorführungen gibt es in Klein Köris unter anderem am Tag des offenen Denkmals. Hier ist ein Schmied zu Gast.

Spurensuche im Stadtgewühl

„Rom am Dom" nennen die Kölner liebevoll und stolz ihre Stadt. Nicht ganz zu Unrecht. Denn vieles von dem, was einst über annähernd 500 Jahre zunächst das Oppidum Ubiorum und dann die Colonia Claudia Ara Agrippinensium, die spätere Hauptstadt der römischen Provinz Niedergermanien (Germania inferior), geprägt hat, bestimmt und „adelt" auch heute noch unübersehbar das Stadtbild. Allem voran die Reste der ehemaligen Stadtmauer. Sie zu umwandern, ist eigentlich ein touristisches Muss.

Im Jahre 50 n. Chr. erhob Kaiser Claudius den Geburtsort seiner Gemahlin Agrippina, das Oppidum Ubiorum, in den Rang einer Colonia. Schon bald danach umgaben die Bürger ihre Siedlung, die sie nun nach ihrer Wohltäterin Colonia Claudia Ara Agrippinensium nannten, mit einer fast 4 km langen, 2,4 m breiten und 7,8 m hohen Stadtmauer. Sie umschloss ein Areal von ca. 97 ha und verfügte über insgesamt 19 Türme, die – von der Rheinfront abgesehen – feldseitig in unregelmäßigen Abständen meist halbrund vorsprangen. Im Norden, Süden und Westen wurde außerhalb der Mauer ein etwa 13 m breiter und ca. 3,3 m tiefer Graben angelegt. Wehrhafte, z. T. imposante Torbauten sicherten die neun Zugänge zur Stadt, die im 2./3. Jh. n. Chr. rund 20 000 Einwohner zählte.

NORDTOR AM DOM UND FUNDAMENTRESTE MIT TREPPENSTUFEN

Heute stößt der Kölnreisende bereits unweit des Hauptbahnhofs auf die ersten Spuren des nördlich der Alpen in dieser Form und Erlebbarkeit einzigartigen Bau- und Bodendenkmals. Der wiedererrichtete, auf seiner Außenseite reich verzierte Torbogen vor der Westfassade des Domes gehörte zum ehemaligen Nordzugang und markiert in etwa den Standort dieser gewaltigen, einst 30,5 m breiten und ca. 24 m hoch aufragenden Doppel-

Der Bogenrest des Kölner Nordtores vor dem Westwerk des Domes. Einst hatte dieser gewaltige 30 m breite Stadtzugang drei Durchfahrten, eine breite in der Mitte für Fahrzeuge und zwei kleinere links und rechts für Fußgänger.

Der reich mit Mosaiken geschmückte „Römerturm" Ecke Zeughaus-/St.-Aspern-Straße. Im 19. Jh. war er Teil des angrenzenden Klosters St. Clara, später diente er zu Wohnzwecken.

turmanlage mit drei Durchlässen. Die mittlere, 5,6 m breite und 8,5 m hohe Durchfahrt bestimmte noch bis 1826 als „Paafepooz" das Straßenbild von „Unter Fettenhennen". Seine feldseitigen Bogensteine mit dem eingemeißelten Stadtnamen CCAA befinden sich heute im Römisch-Germanischen Museum.
In der nahe gelegenen Tiefgarage trifft man auf ein Stück nördlicher Stadtmauer, das mitsamt dem Fundament aus trocken gesetzten Grauwacke-, Basalt- und Trachytbrocken freigelegt und konserviert worden ist. An diesem Teilstück erkennt man besonders deutlich, dass der Fundamentsockel feldseitig abgeschrägt, stadtseitig jedoch in drei Stufen abgetreppt war.

REICH VERZIERTER TURMBAU

Im weiteren Mauerverlauf nach Westen nimmt das Haus Komödienstraße 19 eine Turmrundung auf; vor dem Haus 45 engt ein 6 m langer Mauerstumpf den Bürgersteig ein. Dicht an der Kreuzung Komödien-/Tunisstraße blieb der stadtseitige Teil des so genannten Lysolphturmes bis zu einer Höhe von ca. 3,35 m erhalten. Im aufgehenden Mauerwerk erkennt man noch die Rüstlöcher, Spuren des Gerüstes, mit dessen Hilfe das Bauwerk hochgezogen wurde.
Jenseits der Tunisstraße zeichnet die Front der Häuser Burgmauer 60 bis 68 ziemlich genau den Verlauf der römischen Stadtmauer nach. Dies gilt auch für den 1915 gestalteten so genannten „Römerbrunnen", der außerdem noch den Grundriss eines Turmes aufgreift. Auf der Rückseite des Zeughauses, heute Sitz des Kölner Stadtmuseums, hebt sich die römische Stadtmauer augenfällig gegen die Ziegelwand des mittelalterlichen Gebäudes ab. Das anschließende, fast 90 m lange Stück westlich der Alten Wache macht deutlich, warum die vorbeiführende Straße „Burgmauer" heißt.

In der Kaygasse wurde ein Haus eigens auf Stützen gestellt, um den archäologischen Befund – Reste eines Turmes mit anschließender Mauer – sichtbar zu machen.

Etwas weiter, Ecke Zeughaus-/St. Apern-Straße, steht der so genannte Römerturm, die Nordwest-Ecke der antiken Stadtbefestigung. Er ist ungewöhnlich gut erhalten, weil er bis 1802 als Abort des damals angrenzenden Franziskanerinnenklosters St. Clara und danach Wohnzwecken diente. Der ursprünglich zugangs- und fensterlose Turm sprang feldseitig zu fast drei Vierteln aus der Mauer hervor und zeigt reichen Mosaikschmuck. Vermutlich waren auch andere Stadtmauertürme derart verziert. Die Zinnenkrone stammt aus der Zeit um 1900.

Am „Römerturm" knickt die Stadtmauer nach Süden um; ihrem geschwungenen Verlauf folgt heute die St.-Apern-Straße, die etwa im Bereich des ehemaligen Grabens liegt. Die Römermauer bestimmt hier die rückwärtigen Parzellengrenzen; in der Rückfront vieler Häuser steckt noch Originalsubstanz. Zugänglich ist vor allem der „Helenenturm" an der gleichnamigen Straße. Die modern aufgerichtete halbkreisförmige Ruine erhebt sich über einer mehr als 4 m hohen antiken Mauerschale. Mitten auf der Breite Straße ist im Straßenpflaster ein quadratischer Grundriss dargestellt. Hier befand sich in römischer Zeit ein Stadttor mit vermutlich nur einer Durchfahrt. Weiter geht es durch die Gertrudenstraße in Richtung St. Aposteln. Die Römermauer verläuft jetzt unter der westlichen Häuserfront nach Süden; im Keller des Hauses Breite Straße 169 konnte ein Rest, zum Teil mit der stadtseitigen Grauwacke-Schale und dem charakteristisch abgetreppten Sockelbereich, sichtbar gemacht werden.

EINZIGER HINWEIS AUF URSPRÜNGLICHE MAUERHÖHE

Im Ostchor von St. Aposteln befindet sich 5,45 m über dem Straßenniveau eine zugemauerte Pforte; sie ist der bislang einzige Hinweis auf die ursprüngliche Höhe der römischen Stadtmauer, die hier in nur 4,5 m Entfernung vorbeiführte. Durch diese hoch gelegene Tür gelangten – wie es heißt – einst die Geistlichen in den Chorraum, nachdem sie von den nahen Stiftsgebäuden aus den Weg über die Stadtmauer, die um 1200, der Bauzeit der eindrucksvollen Dreikonchenanlage, an dieser Stelle also noch in Gänze aufrecht stand, genommen hatten.
Das gewaltige Westtor ist südöstlich des Chores von St. Aposteln lokalisiert. Es stand offensichtlich in einer leichten Geländesenke am Ende des Decumanus maximus, der im Verlauf der heutigen Gürzenichstraße/Schildergasse die antike Stadt von Ost nach West durchschnitt. An ihm nahm die Fernstraße an die Kanal- bzw. Atlantikküste ihren Anfang. Deshalb wird das Bauwerk den beiden großen Stadttoren im Norden und Süden an Monumentalität in nichts nachgestanden haben.

MAUERRESTE IM KIOSK

Der Verlauf der Römermauer selbst lässt sich dann wieder weiter südlich in der Clemensstraße genauer verfolgen. Die Originalbefunde sind in den Sockelzonen der Häuserfront Nr. 37, 27 und 5 bis 7 sichtbar geblieben. Hier muss in römischer Zeit auch die von Südwesten über eine gewaltige Bogen- und Pfeilerarchitektur herangeführte Eifelwasserleitung in die Stadt eingetreten sein, wie in der Nähe – zwischen Lungen- und Spinnmühlengasse – entdeckte langrechteckige Substruktionen eines „Wasserturms" (castellum divisorium) vermuten lassen. Unter dem Haus Clemensstraße 3 sind noch Reste eines kleineren Stadttores erhalten. Im Kiosk Ecke Clemens-/Bobstraße kann ein etwa 3 m hohes Mauerstück im Querschnitt besichtigt werden.

Zwischen Thieboldsgasse und Mauritiussteinweg bildet die auf 150 m streckenweise noch bis fast 2 m hoch erhaltene römische Stadtmauer heute die Grundstücksgrenzen. Vielfach zeigen Einbauspuren, dass sie hier seit dem Mittelalter immer wieder in die Wohnbebauung einbezogen worden ist. Vor dem Haus Mauritiussteinweg 32 ist der Grundriss eines Turmes, dessen Mauerstärke nur 1,2 m betrug, in der Pflasterung wiedergegeben. Ecke Griechenpforte/Alte Mauer am Bach stand der südwestliche Eckturm der Stadtbefestigung. Die über 4 m hohen Reste seines Gussmauerwerks greifen unübersehbar in den Straßenraum ein. Von hier aus verlief nun die Römermauer parallel zum Rothgerber-, Blau- und Mühlenbach nach Osten bis zum so genannten Ubiermonument. Genauer bezeichnet die Straße „Alte Mauer am Bach" die ehemalige Trasse. Eine Ziegelwand, die an dieser Stelle gegen die natürliche Geländekante gesetzt wurde, erhebt sich über dem antiken Mauerfundament; am Parkplatz zu Haus Rothgerberbach 2 ist auch ein originales Mauerstück einbezogen. Der halbrunde Zinnenstein aus Tuff, der wenige Meter entfernt auf der Mauerkrone liegt, bezeugt, dass die römische Stadtmauer zinnenbewehrt war. Das Haus Kaygasse 1 wurde eigens auf Stützen gestellt, um die Reste eines weiteren Turmes zugänglich zu halten. Hier erkennt man besonders gut, dass die Türme feldseitig mit 2,4 m genau so stark wie die Stadtmauer selbst waren, stadtseitig betrug ihre Mauerstärke dagegen nur 1,20 m.

Auf den ehemaligen Standort des Südtores weist lediglich noch der Straßenname „Hohe Pforte" hin. Hier mündete einst der Cardo maximus in die Fernstraße nach Rom, sozusagen eine Reichsstraße 1. Ordnung, für deren Sicherheit gleich vor der Stadt eine Polizeistation (Benefiziarierstation) sorgte, die bei Ausgrabungen unter der nahen romanischen Kirche St. Georg am Waidmarkt entdeckt wurde.

Der Stadtmauer begegnet man im Original am Mühlenbach wieder; sie kennzeichnet dort die rückwärtigen Grundstücksgrenzen. Östlich des Hauses Nr. 17 ist sie – obgleich nur als Kernmauer-

Einziges Indiz für die einstige Höhe der Stadtmauer: die zugemauerte mittelalterliche Pforte in der Mittelkonche von St. Aposteln.

Das aus mächtigen Tuffsteinquadern errichtete Ubiermonument bildete die Südostecke der Stadtbefestigung. Es handelt sich um den ältesten datierten römischen Steinbau in Deutschland.

werk und durch frühere An- und Einbauten arg ramponiert – auf ca. 80 m Länge von der Straße aus zu sehen. Im Hinterhof der Häuser Mühlenbach 51–53 ist sie mit einigen Lagen der stadtseitigen Mauerschale aus Grauwacke erhalten.

ÄLTESTER STEINBAU DEUTSCHLANDS

Die Südost-Ecke der Stadtbefestigung, das „Ubiermonument", kann man im Keller des Hauses An der Malzmühle 1 besichtigen. Das annähernd quadratische, noch ca. 6,5 m hohe Bauwerk aus gewaltigen Tuffsteinquadern ruht auf Eichenholzpfählen, die im Winter 4/5 n. Chr. geschlagen worden sind. Das „Ubiermonument" ist der bislang älteste datierte römische Steinbau in Deutschland. Er belegt zusammen mit anderen monumentalen Architekturteilen aus dem Kölner Stadtgebiet, dass auch das Oppidum Ubiorum schon über repräsentative Großbauten und damit über eine gewisse von römischer Baukultur bestimmte Urbanität verfügte. Möglicherweise handelte es sich um einen Turm, der in augusteisch-tiberischer Zeit den Hafen der Siedlung sicherte. Später wurde er dann in die neue Stadtumwehrung einbezogen. Dies lässt sich auch optisch am Befund nachvollziehen: Die Stadtmauer, deren rheinseitiges Stück auch einen offenkundig in der Spätantike zugesetzten Kanaldurchlass aufweist, ist mit einer deutlichen Fuge gegen das „Ubiermonument" gesetzt.

Die Rheinfront des römischen Köln erstreckte sich vom „Ubiermonument" etwa bis zur Trankgasse am Hauptbahnhof. Obwohl ohne Zwischentürme, muss sie – vor allem von der anderen Rheinseite betrachtet – mit ihren die Stadtmauer überragenden Kult-, Verwaltungs- und anderen Monumentalbauten beeindruckend gewesen sein. Der nordöstliche Eckturm lag unter der Rampe der Hohenzollernbrücke. Bis dorthin ist die Mauer heute leider jedoch nur noch an wenigen Stellen zu fassen.

SPURENSUCHE IN DER TIEFGARAGE

Am Lichthof, unmittelbar unterhalb des eindrucksvollen Kleeblattchores von St. Maria im Kapitol – diese bedeutende romanische Basilika wurde im 11. Jh. auf die Fundamente des antiken Tempels für die Kapitolinische Trias Jupiter, Juno und Minerva gesetzt –, bestimmt der Mauerverlauf die modernen Baugrenzen. In der nahen Tiefgarage Plectrudengasse, zu Fuß über die Häuser Pipinstraße 16 und Vor St. Martin 1 erreichbar, bildet ein gut

erhaltenes Stück den westlichen Raumabschluss. Dort erkennt man auch wieder einen Kanaldurchlass. Weiter nach Norden greift die östliche Randbebauung der Martinstraße die Trasse der Stadtmauer auf. Inzwischen spricht einiges dafür, dass in diesem Bereich auch die von Kaiser Augustus eingerichtete Kult- und Versammlungsstätte des germanischen Provinziallandtages, die „Ara Ubiorum“, zu suchen ist.
An „Obenmarspforten“ ermöglichte ehemals ein weiteres Tor, von dem sich allerdings nichts erhalten hat, den Zugang zum Hafenbereich des römischen Köln und nach 310 n. Chr. über die konstantinische Rheinbrücke wohl auch zum Kastell Divitia-Deutz auf der anderen Seite des Stromes. Jenseits dieser Straße dient die römische Stadtmauer heute teilweise als Fundament des mittelalterlichen Rathauses. Sie ist dort in einigen Kellerräumen, so auch im Gastraum des Weinhauses Marsplatz 3, noch sichtbar. Unter dem „Spanischen Bau“ nur wenige Meter davon entfernt befinden sich die beeindruckenden Reste des Statthalterpalastes (Praetorium), hier lag das Hauptquartier der römischen Truppen im Rheinland und das Verwaltungszentrum der Provinz Niedergermanien (Germania inferior).
Weitere Mauerstücke finden sich an der östlichen Häuserzeile der Bürgerstraße und in der Straße „Unter Taschenmacher“. Ein Drittes – vermutlich wiederum nur kleines – „Hafentor“ ist vor dem Treppenaufgang zum Römisch-Germanischen Museum/Einfahrt Dom-Tiefgarage am heutigen Kurt-Hackenberg-Platz belegt. Dort wurde auch ein zur antiken Hafenstraße gehöriges Pflaster aus Basalt entdeckt, es ist inzwischen im Durchgang zum Roncalliplatz/Dom-Südseite neu verlegt.
Der nördliche Abschnitt der römischen Stadtmauer wurde bei den Ausgrabungen unter dem Kölner Dom verschiedentlich angeschnitten. Heute ist sie teilweise in die Domschatzkammer integriert. Damit schließt sich der Kreis; der Ausgangspunkt einer ca. dreistündigen Wanderung um und durch das römische Köln mit all seiner Geschichtlichkeit, seinen Impressionen und Überraschungen ist fast wieder erreicht.

Info

Im Köln Tourismus Office gegenüber den Türmen des Kölner Domes ist ein Prospekt mit Öffnungszeiten aller Sehenswürdigkeiten erhältlich.

Römisch-Germanisches Museum
Roncalliplatz 4 | Dom-Südseite
Öffnungszeiten: Di bis So 10–17 Uhr

Praetorium und Abwasserkanal
„Spanischer Bau“ des Rathauses | Eingang Kleine Budengasse
Öffnungszeiten: Di bis So 10–16 Uhr

„Ubiermonument“
An der Malzmühle 1
Besichtigung nach Vereinbarung mit Römisch-Germanischem Museum

Ausgrabungszone unter dem Kölner Dom
Dom | Domkloster 1
Anmeldung bei der Dombau-Verwaltung/Domgrabung, Roncalliplatz 2. Öffentliche Führungen in kleinen Gruppen Di und Do 16.15, Sa 10.15 Uhr

Ausgrabungszone unter der Basilika Groß St. Martin
Groß St. Martin, Martinsplatz (nahe Alter Markt)
Öffnungszeiten: Mo bis Sa 10.15–18, So 14–16 Uhr

Gräberfeld unter der Basilika St. Severin
St. Severin, Severinskirchplatz
Anfahrt ab Hbf mit U-Bahn Linien 16 und 17 bis Haltestelle Chlodwigplatz. Dann Richtung Severinstorburg/Severinsstraße ca. 400 m Fußweg, Anmeldung im Pfarrbüro, Severinskirchplatz.

Grabkammer in Weiden
Aachener Straße 1328 (Hinweisschild: Römergrab)
Anfahrt vom Hbf mit U-Bahn bis Neumarkt. Von dort mit Linie 1 Richtung Weiden bis Haltestelle Schulstraße. Dann stadtauswärts ca. 300 m Fußweg.

Es lohnt sich aber auch sonst, in Köln auf Entdeckungsreise zu gehen. Zahlreiche unterirdisch noch erhaltene und zugängliche Zeugnisse aus der Römerzeit, z. B. die Ausgrabungsbereiche unter dem Kölner Dom und Groß St. Martin, die Gräberfelder unter St. Kolumba und St. Severin oder die Grabkammer im Vorort Weiden machen die Römerstadt am Rhein zu einer einzigartigen archäologischen Erlebniswelt. Hier findet man wirklich Rom am Dom.

Drusus an jeder Ecke

Mainz gehört zu den wichtigsten Schauplätzen römischer Geschichte in Deutschland. Anfänglich als Militärbasis von Nero Claudius Drusus, dem Stiefsohn des Kaiser Augustus, zur Eroberung Germaniens gegründet, stieg Mogontiacum bald zum zivilen Verwaltungszentrum der neuen Provinz Germania superior auf. Dank umfangreicher Ausgrabungen sind heute wieder zahlreiche Zeugnisse dieser Zeit im Stadtbild sichtbar, so etwa ein Stück Straßenpflaster des Legionslagers, ein Stadttor, das große Bühnentheater und das Heiligtum für die Göttinnen Isis und Magna Mater.

Allein schon die reiche Museumslandschaft der Stadt macht deutlich, dass man Zeit mitbringen muss um auch nur halbwegs einen Überblick über das römerzeitliche Mainz zu erhalten. Seinen Rundgang beginnen kann man im Römisch-Germanischen-Zentralmuseum (RGZM), einer Forschungseinrichtung mit internationalem Renommée – und einer Sammlung, die zum großen Teil nicht aus Originalen, sondern aus Kopien besteht. Die Experten des Hauses an der Großen Bleiche haben Abgüsse zahlreicher bedeutender Denkmäler gefertigt und sind in Sachen Restaurierung weltweit gefragt. Mittlerweile gibt es „Filialen" im chinesischen Xian, im georgischen Dmanisi und sogar im Ägyptischen Museum von Kairo.

Seit 1994 ist der Forschungsbereich Antike Schifffahrt des RGZM in der ehemaligen Mainzer Großmarkthalle am Südbahnhof präsent – als eigenständiges Museum für Antike Schifffahrt. Hier sind unter anderem die 1981/82 bei Ausschachtungsarbeiten für den Erweiterungsbau des Mainzer Hilton-Hotels entdeckten Schiffsfunde zu sehen. Sie lagen 7,5 m unter dem heutigen Straßenniveau – offenbar waren sie von den Römern selbst versenkt worden. Es handelt sich um fünf Wracks spätantiker Militärschiffe, die als Patrouillenboote oder Truppentransporter auf Main und Rhein eingesetzt worden sind, sowie einen römischen Binnenfrachter. Die Überreste sind bis zu 13 m lang –

Eine beeindruckende Sammlung monumentaler Steindenkmäler aus dem römischen Mogontiacum ist in der „Steinhalle" des Landesmuseums zu sehen. Jeder Grabstein erzählt einen eigenen Lebenslauf.

zwei Nachbauten im Museum illustrieren detailgetreu das einstige Aussehen der Schiffe und zeigen, wie die Ruder angebracht waren, wo der Steuermann stand und wie die Boote bewaffnet waren. Von besonderer forschungsgeschichtlicher Bedeutung sind auch zwei Schiffe aus der Zeit um 100 n. Chr., die in der Nähe des Römerlagers Oberstimm bei Ingolstadt entdeckt wurden. Die in mehreren Sektionen geborgenen Wracks werden derzeit im Museum restauriert. Getrocknet wurden sie übrigens in einer riesigen Mikrowellenanlage.

GRABSTELEN UND ZEUGNISSE EINER RECHTSRHEINISCHEN BEFESTIGUNG

Lohnenswert ist auch ein Besuch im Landesmuseum, das in seinen Anfängen unter anderem auf eine Schenkung Napoleons aus dem Jahre 1803 zurückgeht. Der römerzeitlich Interessierte wird überwältigt von den grandiosen Eindrücken in der „Steinhalle“: Im Gebäude des ehemaligen kurfürstlichen Marstalls finden sich hier zahlreiche römische Grabstelen, jede für sich ein spannender Lebenslauf. Dabei sind nahezu alle sozialen Schichten vertreten, so sind neben Gedenksteinen für Soldaten auch solche von Handwerkern und Händlern zu sehen.
Auf der anderen Rheinseite in Kastel, das verwaltungstechnisch zu Wiesbaden und damit zu Hessen gehört, liegt das Museum Castellum. Die rührige Gesellschaft für Heimatgeschichte Kastel e.V. mit ihrem Präsidenten Fritz Diehl hat in jahrelanger Arbeit das Museum aufgebaut mit hervorragenden Exponaten, die davon zeugen, dass es auf dieser Rheinseite einen römischen Brückenkopf gab – was ja auch Sinn macht um die linksrheinische Seite besser vor Angriffen schützen zu können. Doch es gab nicht nur einen Brückenkopf, die Kasteler Seite war mit Mogontiacum auch durch eine Rheinbrücke verbunden. Auch dazu findet der Besucher hier Originalstücke, wie auch zum Badewesen und allgemein zum römischen Alltag.
Vom Museum Castellum ist es nicht weit zum Römischen Ehrenbogen, dessen Fundamente unterirdisch ebenfalls in Mainz-Kastel zu besichtigen

Das Museum für Antike Schifffahrt präsentiert in einer deutschlandweit einmaligen Darstellung u. a. den Fund von fünf spätantiken Schiffswracks.

sind. Das im September 1986 entdeckte Bauwerk hatte wahrscheinlich drei Durchgänge, ähnlich dem Konstantinsbogen in Rom aus dem frühen 4. Jh. Auf einigen Quadern fanden sich Baumarken der 14. Legion – jene war von 13 v. bis 43 n. Chr. und dann nochmals gegen Ende des 1. Jh. n. Chr. in Mainz stationiert. Das mächtige Bauwerk wurde zur Erinnerung an den römischen Feldherrn Germanicus errichtet, der drei Jahre lang, von 14 bis 16 n. Chr., von Mainz und Xanten aus Feldzüge ins Innere Germaniens unternahm und schließlich im Jahre 17 n. Chr. mit einem Triumph in Rom geehrt worden ist.

Germanicus starb unerwartet (seine Frau vermutete wohl nicht zu Unrecht, dass Kaiser Tiberius beim Ableben ihres Mannes seine Finger im Spiel hatte) im Jahre 19 n. Chr. – an ihn und seine Taten sollte das aufwändige Bauwerk von Kastel erinnern.

Neben der Unteren Zahlbacher Straße sind Reste von einst 30 m hohen Pfeilern einer Wasserleitung erhalten. Sie versorgte Legionäre und Bürger von Finthen aus mit Frischwasser.

Es geht zurück über den Rhein, wo im Zahlbachtal (im Bereich der Universitätsklinik) heute noch Reste der einstigen Wasserleitung zu sehen sind. Ursprünglich waren die Aquäduktpfeiler an die 30 m hoch. Über die Leitung wurden Stadtbewohner und Legionäre von Finthen aus mit dem dringend benötigten Frischwasser versorgt.

Im südlichen Mainzer Vorort Weisenau wartet eine besondere „Rarität“ auf den Besucher: Ein Friedhof, der sich einst entlang der Verbindungsstraße zwischen dem Legionslager und dem zweiten

In der Durchfahrt des ehemaligen Stadttores aus dem 4. Jh. ist heute noch Straßenbelag der einstigen Via Praetoria mit darin eingeschliffenen Fahrspuren zu erkennen.

Das römische Theater in der Nähe des Südbahnhofs ist das größte Bühnentheater nördlich der Alpen. Es bot 10 000 Menschen Platz. Hier fanden jedes Jahr Gedenkfeiern für den römischen General Drusus statt.

Lager erstreckte. Hier fanden aber nicht nur Soldaten ihre letzte Ruhestätte, auch die Zivilbevölkerung ließ sich an dieser Stelle je nach Geldbeutel einfache oder durchaus repräsentative Grabbauten errichten, sodass man in der Tat von einer römischen „Gräberstraße" sprechen kann.
Auf dem Kästrich oberhalb der Kupferberg-Kellerei liegen die Überreste eines Stadttores aus dem 4. Jh. n. Chr. Es wurde aus wieder verwendeten Steinen des zwischenzeitlich abgerissenen Legionslagers erbaut. In der Tordurchfahrt kann man noch den Straßenbelag der einstigen Via praetoria erkennen – und die tief eingeschliffenen Fahrspuren römischer Wagen.
Im Bereich der Zitadelle, in der Nähe des Südbahnhofs, steht versteckt der Drusussstein, auch Eichelstein genannt. Der Zahn der Zeit nagt sehr an dem Monument, dessen einstiges Aussehen man nur noch erahnen kann. Erbaut wurde das Ehrenmal von den Legionen in Mainz, nachdem Drusus, der mit seinen Truppen bis zur Elbe vorgestoßen war, auf dem Rückweg an den Rhein vom Pferd stürzte und an den Folgen dieses Sturzes im Alter von 29 Jahren starb. An dem mit einer Steinverblendung versehenen Gussmauerwerkblock fanden die Gedenkfeiern für den verunglückten General statt – nach Ausweis der Quellen bis ins 3. Jh. n. Chr.
Vom Drusussstein ist es nur ein Katzensprung zum römischen Bühnentheater, das einst rund 10 000 Menschen Platz bot und in unmittelbarer Nachbarschaft des Südbahnhofs liegt. Schon 1884 kamen beim Bau der Eisenbahnlinie Überreste des Theaters ans Licht, sie wurden aber nicht als solche erkannt und deswegen auch nicht gesichert. Erst 1916, während des Ersten Weltkriegs, wurde die Theorie geboren, hier auf ein römisches Bühnentheater gestoßen zu sein – auf das größte nördlich der Alpen. Der Zuschauerraum ist immerhin 116 m und die Bühne 42 m breit. Die Kriegswirren machten weitere Grabungen unmöglich,

In einem Schauraum unter der Römerpassage werden die wichtigsten Funde aus dem Isis- und Magna-Mater-Heiligtum präsentiert. Die Nachtstimmung und der Sternenhimmel sorgen für ein ganz besonderes Flair.

Schaukasten im Isis-Heiligtum.

sodass die Mauerreste wieder zugeschüttet wurden und anschließend nahezu in Vergessenheit gerieten. Erst 1999 wurden neue Untersuchungen durchgeführt, bei denen die Archäologen nicht nur ideelle und finanzielle Unterstützung erhielten: 1000 freiwillige Helfer und 25 Schulklassen setzten den Spaten an und gruben fachgerecht rund 1600 Kubikmeter Erdreich ab. Mittlerweile sind schon 8000 Kubikmeter abgetragen. Ein Jahr später kamen am Tag des offenen Denkmals 3000 Besucher und das Interesse und der Zuspruch aus der Bevölkerung sind auch weiterhin groß. Das Theater befand sich ursprünglich innerhalb der Stadtmauern, doch wurden diese im 4. Jh. n. Chr. deutlich verkürzt, sodass der Baukörper nunmehr vor den Toren der Stadt lag. Die Bevölkerung hatte angesichts der unruhigen Zeiten damals andere Sorgen, als sich im Theater der Unterhaltung hinzugeben, und so wanderte mancher Stein in die neue Stadtmauer. Die Erinnerung

Info

Sehenswürdigkeiten und Museen

Isis-Heiligtum
Unter der „Römerpassage“ im Stadtzentrum, Zugang über die „Taberna Archaeologica“
Römerpassage 1 | 55116 Mainz
tel 06131|6007493
www.roemisches-Mainz.de

Öffnungszeiten: Mo bis Sa 10–18 Uhr

Museum Castellum
in der Reduit am Rheinufer und römischer Ehrenbogen in der Großen Kirchenstraße 5 von Mainz-Kastel (Stadt Wiesbaden): Gesellschaft für Heimatgeschichte Kastel e.V., Reduit | Rheinufer 5 | 55252 Mainz-Kastel
tel 06134|65272 oder 06134|62993

Öffnungszeiten: Feb. bis Nov. So 10.30–12.30 Uhr oder nach Vereinbarung

Museum für Antike Schifffahrt
Neutorstraße 2b | 55116 Mainz
tel 06131|286630 | fax 06131|2866324

Öffnungszeiten: Di bis So 10–18 Uhr

Römisch-Germanisches Zentralmuseum
Ernst-Ludwig-Platz 2 | 55116 Mainz
tel 06131|91240 | fax 06131|9124199

Öffnungszeiten: Di bis So 10–18 Uhr

Landesmuseum
Große Bleiche 49–51 | 55116 Mainz
tel 06131|285728 | fax 06131|285757
www.landesmuseum-mainz.de

Öffnungszeiten: Di 10–20, Mi bis So 10–18 Uhr

an Drusus, dem zu Ehren im Theater jährlich Gedenkfeiern abgehalten worden waren, war lange schon verblasst.

STERNENHIMMEL IM HEILIGTUM

Absoluter Höhepunkt einer „Römer-Tour“ durch Mainz ist der Besuch des so genannten „Isis-Heiligtums“ unter der Römerpassage. Ende 1999 wurde die den orientalischen Göttinnen Isis und Magna Mater geweihte Kultstätte entdeckt – eine Sensation schlechthin, fand man doch zahlreiche kleine Depots und Brandopferstellen, die einen eindrucksvollen und höchst seltenen Einblick in die Opferpraktiken geben. Ein Teil der Inschriften dürfte noch aus dem 1. Jh. n. Chr. stammen, aus einer Zeit, in der nach gängiger Meinung die Kulte für die beiden Göttinnen in den römischen Nordprovinzen noch gar nicht eingeführt waren.
Das Heiligtum konnte nicht „in situ“ erhalten werden, es wurde aber nur wenige Meter versetzt „im Keller“ der neuen Römerpassage wieder aufgebaut. Wenn man die Treppen hinuntersteigt, umfängt den Besucher gedämpftes Licht und ein angedeuteter Sternenhimmel, insgesamt eine archäologische Inszenierung, die ihresgleichen sucht. In dieser besonderen Atmosphäre vermitteln die ausgestellten Exponate ihre ganze Dramatik: Eine aus Ton geformte Voodoo-Puppe, von mehreren Nadelstichen durchbohrt und schließlich absichtlich zerbrochen, sollte einen Mann verwünschen. Und ein Bleitäfelchen wurde eigens um einen Vogelknochen zusammengerollt, um den magischen Zauber noch zu verstärken.
Viele Bürgerinnen und Bürger haben mitgeholfen das Isis-Heiligtum zu erhalten. Die „Initiative Römisches Mainz“ tat ein Übriges Öffentlichkeit und Politik zu sensibilisieren. Das Beispiel Mainz macht Mut, zeigt es doch, dass Bodendenkmalpflege und Investoren durchaus zusammenarbeiten können – wenn Letztere nur wollen.

Wie präsent die Römer heute noch in Mainz sind, zeigt auch ein Besuch in der Kupferberg-Sektkellerei. Hier tragen die Gewölbe noch römische Namen.

Im Tal des Urmenschen

Im Sommer 1856 fanden Steinbrucharbeiter im Neandertal die Skelettreste eines fossilen Menschen, der zu Weltruhm gelangte. An diesem historischen Ort steht heute das Neanderthal Museum. Es fällt deutlich aus dem Rahmen der herkömmlichen Museumsinszenierungen, denn der Bestand an Originalexponaten ist gering, dafür erwarten den Besucher aber verblüffend echt erscheinende Rekonstruktionen und viel Multimedia.

Seit der Eröffnung im Jahre 1996 durch die Stiftung Neanderthal Museum fasziniert die Ausstellung ein großes Publikum, jährlich kommen über 170 000 Besucher. Begeistert sind sie auch von den Attraktionen rund um das Museum: In der Steinzeitwerkstatt erlebt man Urgeschichte „live", auf dem Fundort kann man sich der ehemaligen Topografie des Tales nähern, der Kunstweg „MenschenSpuren" lädt zum Nachdenken über Mensch und Natur ein und im Wildgehege leben Auerochsen, Wisente und Wildpferde.

DER NEANDERTALER IM KREUZFEUER DER KRITIK

Fast 150 Jahre liegt die Bergung der spektakulären Funde aus der Feldhofer Grotte nun zurück und trotzdem hat „Homo sapiens neanderthalensis" nichts von seiner evolutionären Brisanz verloren. Die 16 Knochen galten bereits kurz nach ihrer Entdeckung als Beweisstücke für Darwins atemberaubende Theorie, die besagte, dass der Mensch kein Produkt göttlicher Schöpfung, sondern das Ergebnis einer langen Entwicklungsgeschichte sei. Als Zeuge der Evolutionstheorie stand der Neandertaler sofort im Kreuzfeuer der Kritik. Er war Schmähungen und wüsten Beschimpfungen ausgesetzt. Gerade diese turbulenten Auseinandersetzungen haben ihn berühmt gemacht wie keine andere Menschenform und ihn zum Topos menschlicher Urgeschichte werden lassen. Das Neanderthal Museum nimmt dies zur Veranlassung, nicht nur die Geschichte der Neandertaler und ihrer Zeit zu erzählen, sondern die gesamte Entwicklung der Menschheit zu beleuchten.

Das ovale Museumsgebäude mit einer Fassade aus lindgrün schimmernden Glasplatten liegt in der Nähe der heute nicht mehr existierenden Feldhofer Grotte, dem Fundort des Neandertalers.

Im Einführungsraum illustriert eine große Sanduhr das Thema „Zeit und Evolution".

Woher kommen wir? Wer sind wir? Wohin gehen wir? Das sind die zentralen Fragen, die durch das Neanderthal Museum leiten. Die Ausstellung zeigt den langen Weg der Menschheit aus den Savannen in die Großstadt. Dabei werden die biologische und die kulturelle Entwicklung zu einem gemeinsamen Erzählstrang verdichtet.
Die Architektur des Museums greift diesen Gedanken auf, sie wird von der Spirale als Sinnbild der Evolution geprägt. Die Ausstellung erstreckt sich über vier Ebenen auf einer allmählich nach oben ansteigenden Rampe. Am Beginn steht die Geschichte des Neandertals und der Fund des Neandertalerskelettes (Ein Tal und sein Geheimnis). Daran anschließend werden die entscheidenden Abschnitte der Menschheitsgeschichte im „Zeittunnel" vorgestellt. Fünf Themenbereiche geben einen chronologischen Abriss der Humanevolution und grenzen das komplexe Thema „Entwicklungsgeschichte der Menschheit" ein: „Leben und Überleben", „Werkzeug und Wissen", „Mythos und Religion", „Umwelt und Ernährung" sowie „Kommunikation und Medien".

Im Neanderthal Museum setzt man bei der Vermittlung auf viel Multimedia. Hier Ansicht des Themenbereichs „Umwelt und Ernährung".

Schwerpunkt jeder räumlichen Einheit sind die Neandertaler. Lebensgroße Figuren, die anhand von Schädelabgüssen rekonstruiert wurden, veranschaulichen die wesentlichen Entwicklungsschritte.
Früher war das Neandertal eine wilde, etwa 50 Meter tiefe, enge Schlucht. Seit dem 18. Jh. tauchte sie unter der Bezeichnung Hundsklipp oder Gesteins regelmäßig in Reiseberichten auf. Dabei galt besonders die enge Düsselklamm mit neun

Zwölf Dermoplastiken sollen dem Besucher einen lebensechten Eindruck vom Aussehen der Neandertaler vermitteln. Hier zwei Figuren aus dem Themenbereich „Umwelt und Ernährung“.

Die Neandertalerfiguren sind anhand von Schädelabgüssen mit neuesten Verfahren rekonstruiert worden. Für diesen Mann bildete ein Schädel aus La Chapelle-aux Saints die Grundlage.

Höhlen und zwei Wasserfällen als landschaftliches Kleinod. Über 40 000 Jahre lang hütete die Feldhofer Grotte unbemerkt die Knochen des Neandertalers. Erst mit der Zerstörung der Felsen durch den Kalkabbau gelangten die Fossilien 1856 an das Licht der Öffentlichkeit und begründeten den weltweiten Ruhm des Ortes. Die Grotte jedoch ging durch den Kalkabbau für immer verloren. Erst als man 1997 und 2000 das Areal des Fundortes neu untersuchte, gelang es den beiden Archäologen Dr. Ralf W. Schmitz und Dr. Jürgen Thissen, Sedimente der Feldhofer Grotte wieder zu entdecken und die Lage der Höhle festzulegen. In den Resten der lehmigen Höhlenfüllung fanden sie über 60 menschliche Knochenfragmente. Drei davon passen exakt an das Skelett des Neandertalers von 1856 an.
Vom Museum führt heute ein als Zeitachse angelegter Weg entlang der Düssel zur Fundstelle. Infostationen mit Audiosystem bieten einen Überblick zur Natur-, Kultur- und Industriegeschichte des Tales. Im Planquadrat der Feldhofer Grotte laden steinerne Liegen zum Ausruhen ein. Über die Sichtachse zum Rabenstein wird ein Bezug zum letzten authentischen Stück Neandertal geschaffen. Die Grabungsfläche mit den Sedimenten der Feldhofer Grotte ist obertägig durch Steinquader und rot-weiß gestreifte Stangen markiert. In zwei Botanika wachsen typische Pflanzen aus dem Umfeld des Neandertalers.
Der Weg vom Museum zum Fundort ist ca. 1500 Meter lang. Für Hin- und Rückweg werden bei Nutzung der Infostationen ca. 45 Minuten benötigt.

MODERNE KUNST UND URZEITLICHE TIERARTEN

Eine weitere Attraktion ist der Kunstweg „MenschenSpuren“. Er widmet sich dem Spannungsfeld Mensch–Natur. Mit Beginn der Menschwerdung hat der Mensch versucht, allmählich aus der Natur herauszutreten und eine eigenständige Position zu finden. Elf international renommierte Künstlerinnen und Künstler haben über die Endlichkeit menschlicher Schöpfungen reflektiert und über die Frage, welche Spuren zurückbleiben. Die daraus entstandenen Skulpturen kann der Besucher entlang des Weges bewundern. Allerdings muss er sich dazu selbst auf die Natur einlassen und oft-

mals regelrecht im Unterholz nach den Kunstwerken suchen. Ausgangs- und Endpunkt des Weges ist der Erlebnisspielplatz am Düsselufer gegenüber dem Museum.
Zu einem längeren Spaziergang lädt der gut 3,5 km lange Rundweg um das Wildgehege ein. Hier werden Auerochsen, Tarpane und Wisente, die zur Jagdbeute der Neandertaler zählten, artgerecht gehalten.
Auerochsen und Tarpane (Wildpferde) wurden in Europa schon vor Hunderten von Jahren ausgerottet. Da sie jedoch die Vorfahren unserer heutigen Hausrinder und Pferde sind, tragen die heute lebenden Tiere das Erbgut der ausgestorbenen Tiere in sich. Durch Kreuzung ursprünglicher Rassen können so Tiere gezüchtet werden, die ihren ausgestorbenen Vorfahren sehr ähnlich sind.

Info

Neanderthal Museum | Talstraße 300
40822 Mettmann
tel 02104|979797 | fax 02104|979796
museum@neanderthal.de | www.neanderthal.de

Öffnungszeiten von Museum und Fundort

Di bis So 10–18 Uhr | Mo (außer Oster- und Pfingstmontag) sowie am 24., 25. und 31. Dez. geschlossen. Der Fundort schließt von Nov. bis Feb. bereits um 16 Uhr.
Der Kunstweg liegt im öffentlichen Bereich und ist frei zugänglich.

Anreise

- **A46 Wuppertal–Düsseldorf, Abfahrt Hilden, ab dort Ausschilderung folgen, oder die**
- **A3 Köln–Oberhausen, Abfahrt Mettmann, Richtung Mettmann bis Zentrum, ab dort Ausschilderung „Neanderthal Museum" folgen.**

Besondere Angebote

In der „Steinzeitwerkstatt" finden Aktionen, Seminare und Vorführungen statt. Zu den Programmangeboten gehören u. a. Speerschleudern, Bogenschießen oder Feuermachen. Anmeldung erforderlich.

Zwischen Museum und Steinzeitwerkstatt verläuft der Skulpturenpfad „MenschenSpuren". Mit ihren Arbeiten haben die Künstlerinnen und Künstler über die Endlichkeit menschlicher Schöpfungen reflektiert.

Ein als Zeitachse angelegter Weg führt zur Fundstelle des Neandertalers.

Niederdorla: Opfermoor Vogtei

Kultstätten im Schilf

Im thüringischen Torfabbaugebiet an den „Mallinden“ zwischen den Orten Ober- und Niederdorla wurde 1957 eine bedeutende germanische Kultstätte entdeckt. Altäre und hölzerne Idole aus der Zeit vom 6. Jh. v. Chr. bis zum 11. Jh. n. Chr. weisen auf eine lange Tradition und hohe kultische Bedeutung dieses Platzes hin. Sieben dieser Opferstätten sowie Teile einer früh- bis hochmittelalterlichen Siedlung kann der Besucher des „Opfermoors Vogtei“ am authentischen Ort erleben.

Die Erschließung des an einem See gelegenen Freigeländes erfolgte durch den Einsatz von ABM-Kräften unter ausschließlicher Verwendung von örtlichen Rohstoffressourcen. Durch das sumpfige Gebiet wurden Wege angelegt, zuletzt ein aufwändiger Knüppeldamm, der den Museumsbereich mit dem Freigelände verbindet, das inhaltlich zweigeteilt ist. Im nördlichen Bereich sind typische Gebäude einer germanischen Siedlung zu sehen, der südliche Teil mit den rekonstruierten Opferstätten führt den Besucher zurück in die Glaubenswelt unserer Vorfahren.

Die Anfänge der Kultstätte um 500 v. Chr. hängen offenbar mit einem Naturereignis zusammen: Ein Erdfall hatte sich mit Wasser gefüllt. Zwölf Heiligtumer dieser Zeit konnten am Rand des Gewässers ausgemacht werden, unter anderem auch ein Feueraltar mit Steinsetzungen, wie sie aus dem nordalpinen Gebiet und aus Griechenland überliefert sind – die erste Station auf dem Rundgang durch das Opfermoor. Im Zentrum des Rundheiligtums steht eine Steinstele als Symbol für die hier verehrte Gottheit.

Die nächste Rekonstruktion stammt aus dem 3. Jh. v. Chr. Damals bildete sich durch Auslaugung aus dem Erdfall ein großer See. An seinem südlichen Ufer legten die Siedler insgesamt 29 Heiligtümer von unterschiedlicher Größe an.

An den Aktionstagen erwacht die Germanen-Siedlung wieder zum Leben. Hier hat eine Keramikerin ihre Werkstatt vor einem Grubenhaus eingerichtet.

Die meisten hatten einen apsisförmigem Grundriss, eine dieser Kultstätten war 25 m lang und besaß mehrere Kulteinrichtungen und sacralia. Am wieder aufgebauten Heiligtum kann der Besucher aus Plaggen aufgetürmte und meist von Flechtwerk zusammengehaltene Altäre mit für den Opferritus typischen Kultstangen erkennen.
Um die Zeitenwende errichteten eingewanderte Hermunduren mehrere große Rundheiligtümer mit in sich geschlossenen kleinen Sakralstätten. Im Zentrum der Anlagen stand ein großer rechteckiger Rasenaltar, auf dem vor allem Tiere geopfert wurden, wie zahlreiche Knochenfunde belegen. Die Rekonstruktion eines dieser Heiligtümer mit seinen vielfältigen Göttersymbolen führt die damalige Glaubenswelt anschaulich vor Augen.
Aus der späten römischen Kaiserzeit (3. Jh. n. Chr.) liegt nur ein bedeutendes Heiligtum vor. Pfostenspuren im Innern belegen einen Schutzbau, der vermutlich als Überdachung für den rechteckigen Altar im Zentrum diente. Diese Form erinnert an „Umgangstempel“ aus dem gallorömischen Gebiet. Auf Einflüsse aus diesem Bereich deutet auch das aufgefundene Kantholzidol hin, das wohl eine gallorömische Göttin darstellt. Neben Haus- und Wildtieropfern hat man hier auch Sargteile mit dem Skelett einer sehr jungen Frau entdeckt, vermutlich die Priesterin der Göttin. Im 4. Jh. wurden Heiligtum und Grab offenbar im Zusammenhang mit politischen und religiösen Unruhen gewaltsam zerstört.

OPFERHANDLUNGEN TROTZ CHRISTIANISIERUNG

Aus dem 5. Jh. sind zwei Heiligtümer in Form eines Schiffes zu sehen. Die größere der beiden Anlagen war einer männlichen Gottheit, die hier durch ein Pfahlidol mit Hengsthaupt markiert wird, gewidmet; das kleinere Schiff mit einem Rinderopfer stellt das Emblem einer Göttin dar. Letzte Station des Rundgangs ist ein großer Opferplatz mit Einzäunung. Hier vollzogen die Menschen der späten Völkerwanderungszeit ihre heiligen Handlungen.
Trotz Christianisierung der Bevölkerung fanden in Oberdorla bis zum 11. Jh. noch Opferhandlungen statt. Das belegen etwa Gefäße aus dieser Zeit sowie Hundeknochen aus oberen Torfschichten. Die im Opfermoor rekonstruierten Heiligtümer stellen jeweils nur den Platz des Allerheiligsten dar, den die Opfergemeinde nicht betreten durfte, nur so sind die in der Regel kleinen Abmessungen zu verstehen.

Wie funktioniert ein vorzeitlicher Webstuhl?

Römische und germanische Krieger an den „Opfermoortagen“.

Impressionen aus einem germanisch-frühdeutschen Dorf.

Der Lehmbackofen ist funktionsfähig und kann von den Besuchern benutzt werden.

Am Mittelpunkt Deutschlands

Ein Ausflug zum „Opfermoor-Vogtei" ist gleichzeitig auch eine Reise zum geografischen Mittelpunkt Deutschlands. 1990 wurden seine Koordinaten mit 51°10' nördlicher Breite und 10°27' östlicher Länge ermittelt. Damit liegt er genau zwischen den Orten Nieder- und Oberdorla. Eine große Kaiserlinde unmittelbar am See markiert heute die Stelle. Fotoapparate also bereithalten!

HÖLZERNE KULTREQUISITEN

Die zentrale Rolle im Kult spielten Idole, von denen über 30 Stück in Oberdorla ausgegraben wurden. Sie waren ebenso wie die großen Kultstangen oder -stäbe ausnahmslos aus Holz gefertigt, das als Träger göttlicher Kräfte galt. Zu den Kultrequisiten gehörten auch 30 bis 90 cm lange Zeremonialstäbe, die sich um den Altar konzentrierten. Hier wurden sie vermutlich vom „Priester" zur Kultausübung verwendet.

Geopfert hat man vorwiegend Tiere, die dann beim heiligen Mahl mit der Kultgemeinschaft verspeist wurden. Auch Sachgüter wie Holzgefäße, Keulen, Reusen oder Paddel sind belegt. Da hier in erster Linie Fruchtbarkeitskulte zelebriert wurden, spielten Menschenopfer nur eine untergeordnete Rolle.

EINBLICKE IN GERMANISCHES SIEDLUNGSWESEN

In unmittelbarer Nähe der Opferstätte lag eine vom 1. Jh. v. Chr. bis ins 13. Jh. n. Chr. bewohnte Siedlung. Nach Grabungsbefunden des 3. Jh. wurden einzelne typische Gebäude im nördlichen Teil des Freigeländes rekonstruiert.
Den Mittelpunkt bildet ein großes reetgedecktes Wohnstallhaus. Es ist eingerahmt von zwei Grubenhäusern mit unterschiedlicher Konstruktion. Die eine zeigt ein 6-Pfostenhaus mit 2 Firstträgern und 4 Eckpfosten, die das Dach tragen, bei der anderen handelt es sich um einen 2-Pfostenbau, bei dem das Dach auf der Erdoberfläche liegt. Diese teilweise eingetieften Häuser weisen einen hohen Grad an Feuchtigkeit auf und sind daher für Textilarbeiten bestens geeignet, da sich bei feuchtem Raumklima Fasern gut verarbeiten lassen. Das Ensemble wird durch einen rekonstruierten Speicherbau komplettiert.

Info

Opfermoor Vogtei | Schleifweg 8 | 99986 Niederdorla
tel | fax 036 01 | 75 60 40 | www.opfermoor.de

Öffnungszeiten
Museum tgl. 10–17 Uhr | Freigelände tgl. 10–17 Uhr; vom 1. Dez. bis Ende März geschlossen

Führungen
nach Vereinbarung

Am Rastplatz stehen schon die Teller für die Krautsuppe „germanische Art“ bereit.

Großes Rundheiligtum aus der frühen römischen Kaiserzeit. In dieser Kultstätte wurde eine sehr junge Frau, bei der es sich vermutlich um die Priesterin der hier verehrten Göttin handelt, bestattet.

Geschichte auf Schritt und Tritt

Wer sich gerne in freier Natur die Geschichte des nördlichsten Bundeslandes erwandern oder erradeln möchte, der ist auf dem Ochsenweg richtig. Und dann vielleicht eine Fortsetzung in Richtung Dänemark? Kein Problem, Sie werden durch Wegweiser, Info-Stationen und Wanderkarten sicher geleitet. Hier ein paar Tipps zu besonderen Erlebnisstätten zwischen dänischer Grenze und Eider…

Nur wenige europäische Altwege verdienen das Prädikat „Geschichtsroute“. Einer davon ist der jütische Heerweg (dän. Hærvej), in Schleswig-Holstein Ochsenweg genannt. Auf 500 Kilometern Länge zieht er sich vom Süden des Lim-Fjords bis an die Elbe. Dabei durchmisst er die Halbinsel Jütland auf dem sandigen, mittleren Landesstreifen und fächert sich bisweilen in parallele Trassen auf. Zumindest im Landesteil Schleswig zwingen zahlreiche Passagen den Weg seit alters her auf einen schmalen, nur wenige Kilometer breiten Korridor. Hier war der Ochsen- oder Heerweg tatsächlich der einzige Fernweg. Auf ihm fand folglich durch die Zeiten die Geschichtswerdung der Region und darüber hinaus von Teilen Nordeuropas statt.

Heute werden zahlreiche Stätten und Geschichtsorte des Ochsen- oder Heerweges wiederentdeckt. Markiert von so genannten Hörnerplätzen und als Fernradwanderweg ausgeschildert, verbindet er zwischen dänischer Grenze und Eider auf etwa 80 km Länge bedeutende Stätten und Denkmäler Schleswig-Holsteins. Mit Flensburg, Schleswig und Rendsburg liegen zudem die größeren, touristisch bestens gerüsteten Städte der Region am Weg.

„DEN KRUMME VEJ“ ODER „DER KRUMME WEG“

Wer die deutsch-dänische Grenze fernab der Hauptverkehrsstraßen überschreiten möchte, sollte die alte Verkehrsanbindung Flensburgs mit dem Norden wählen. Sie wurde früher als „der Krumme Weg“ oder „den krumme vej“ (dän.) bezeichnet. Im heute dänischen Dorf Bov vereinigte er sich mit dem weiträumig um die Stadt geführten, eigentlichen Ochsenweg. Zwischen Bov und Niehuus, das schon auf deutscher Seite liegt, quert der „Krumme Weg“ inmitten sanfter Hügel das malerische Niehuuser Tunneltal. Dieser vor ca. 15 000 Jahren durch einen Schmelzwasserabfluss entstandene Geländeeinschnitt stellte im Mittelalter eine schwer passierbare Wegebarriere dar. Der „Krumme Weg“ führte hier durch eine Furt der Krusau, an der zwischen 1350 und 1431 eine

So genannte „Hörnerplätze“ wie hier in Schuby bei Schleswig dienen als Markierungen entlang des Ochsenwegs.

Niehuus, Gem. Harrislee. Unmittelbar südlich der deutsch-dänischen Grenze am „Krummen Weg“: ein paar Ochsen und Reste des Turmhügels der alten Burg Niehuus, Zollstelle am Ochsenweg zwischen 1350 und 1431.

Turmhügelburg stand. Deren Rest ist als lang gestreckte Kuppe im Gelände erhalten geblieben. Die Bedeutung des „Krummen Weges“ wird unterstrichen durch zwei archäologisch erforschte, gepflasterte Wegestücke diesseits und jenseits der Grenze. Auf dänischer Seite wurde am Rønsdam die alte Pflasterung auf einer Länge von 40 m rekonstruiert, auf deutscher Seite hat man den alten Wegebelag auf einer Länge von 130 m wiederhergestellt. Diese Pflasterungen datieren in die erste Hälfte des 17. Jh., der Zeit des dänischen Königs Christian IV. Sie gehören damit zu den ältesten des Landesteils Schleswig.

Westlich von Flensburg liegt der größte Naturerlebnisraum Deutschlands. Seinen Namen erhielt er nach dem 1719 am Ochsenweg vor den Toren der Stadt erbauten „Schäferhaus“, das nur drei Jahre später zu einer bedeutenden Schankwirtschaft wurde.

Das 450 ha große Areal wird ausschließlich von hier grasenden und wild lebenden Tieren gestaltet. Besonders die über 100 Galloway-Rinder und fünf ausgewilderten Konik-Pferde schaffen durch Verbiss eine halb offene Weidelandschaft, die dem ursprünglichen Landschaftbild ziemlich nahe kommt.

In der Jungstein- und älteren Bronzezeit gab es auf diesem Gelände zahlreiche Grabhügel, die aber bis auf einen nach und nach beseitigt wurden. Um der Landschaft ihr ursprüngliches Gepräge wiederzugeben, hat man inzwischen an originalem Standort acht der bronzezeitlichen Grabhügel in den einstigen Dimensionen wieder aufgeschüttet. Sie gehörten zu einem lang gestreckten Grabhügelzug, der bis weit nach Dänemark hineinreichte. Mitten in der Nordfläche liegt eine Erhebung, die als Aussichtsplattform dient. Von hier aus hat man einen hervorragenden Blick über die gesamte, ca. 250 ha große Nordfläche, ohne dass moderne Bebauung oder Verkehrslärm den Eindruck dieser Altlandschaft verfälscht.

AM GRÖSSTEN REKONSTRUIERTEN STEINGRAB DEUTSCHLANDS

1690 berichtet der Apenrader Propst Arnkiel: „Eine Meile Süden vor Flensburg, bey dem Krug Bilschau, im Kirchspiel Översee liegen an der Heerstraßen verschiedene ansehnliche Heyden-

Von 2000 bis 2002 wurde in Munkwolstrup ein jungsteinzeitliches Großsteingrab komplett ausgegraben.

Im Jahre 2003 wurde es dann nach dem archäologischen Befund rekonstruiert. Hierfür mussten 90 % der benötigten Steine „neu“ aus benachbarten Kiesgruben beschafft werden.

Wikingermarkt im „Archäologischen Park Danewerk“. Ein „dänischer“ Wikinger mit Pfeil und Bogen.

Heute back' ich, morgen brau' ich ... Zwei Wikinger bei Vorarbeiten zur Bierherstellung.

Wikingermarkt im „Archäologischen Park Danewerk“. Ein Wikinger erläutert Besuchern die Funktion eines Jagdpfeiles.

Gräber.“ Nach seiner Beschreibung handelt es sich um vier offenbar in unversehrtem Zustand angetroffene, jungsteinzeitliche Großsteingräber. Zwischen 1780 und 1864 hat man die Munkwolstruper Grabanlagen immer wieder als Steinbruch genutzt. Das größte der beschriebenen Lang- oder Riesenbetten wurde vor kurzem archäologisch erforscht und rekonstruiert. Das Ergebnis kann sich sehen lassen. Mit 70 m Länge, 8 m Breite und ca. 1,60 m Höhe ist hier das größte rekonstruierte deutsche Großsteingrab entstanden.

Ehrgeiziges Ziel der nächsten Jahre ist der sukzessive Ausbau des Geländes zu einem „archäologisch-landeskundlichen Park“, der nach dem Zeitzeugen von 1690 den Namen Arnkiel-Park erhalten soll. Besucher können sich hier dann sowohl über die Ausgrabungsresultate als auch über die nordeuropäische Megalithik informieren.
Unbedingt zu empfehlen ist ein Besuch im nur wenige Kilometer südlich gelegenen „Naturschutzgebiet Obere Treenelandschaft“. Im Rahmen dieses Naturschutzprojektes – eines der größten bundesweit – konnten weite Teile der Landschaft wieder in ihrem ursprünglichen Charakter gestaltet werden.
Die Region um Schleswig mit dem wikingerzeitlichen Handelsplatz Haithabu zählt zu den kulturgeschichtlich reichsten des Landes. Alle ihre Kulturdenkmäler werden aber in den Schatten gestellt durch das „Danewerk“ (dän. „Danevirke“), ein alter Verteidigungswall zum Schutz der Südgrenze Dänemarks.
Zwischen der inneren Schlei und den Niederungen der Flüsse Eider und Treene liegt eine nur 7 km breite Landbrücke. Hier war der jütische Heerweg in die wohl bedeutendste geostrategische Pass-Situation gezwungen und konnte so wirkungsvoll gesperrt werden.
Mit seinen 30 km langen, gestaffelten Wallzügen gehört das Danewerk zu den größten archäologischen Denkmälern Nordeuropas. Neuesten wissenschaftlichen Ergebnissen zufolge wurden ältere

Teile zum Ende des 7. Jh. errichtet. Bis ins 12. Jh. hat man es immer wieder umgestaltet, erneuert und verstärkt. Nach einem sechshundertjährigen Dornröschenschlaf kam das Danewerk im zweiten deutsch-dänischen Krieg von 1864 als Frontstellung erneut zum Einsatz.

SYMBOL DER VÖLKERVERSTÄNDIGUNG

Heute zieht es sich als grünes Band durch die Landschaft. Besonders hervorzuheben ist ein 1,5 km langer Streifen im Ortsteil Klein Dannewerk. Hier entsteht der „Archäologische Park Danewerk" mit dem Museum „Danevirkegården" im Zentrum. Attraktionen sind freigelegte Teile der so genannten Waldemarsmauer (1160–1182) und die rekonstruierte „Schanze 14" von 1864. Auf gut ausgebauten Wegen kann man sich zu Fuß oder per Fahrrad das imposante Denkmal erschließen, dessen immense kulturhistorische Ausstrahlung allenthalben spürbar ist.

Dank des beispielhaften Miteinanders von Dänen und Deutschen in der Grenzregion hat der einstige Sperrriegel heute nichts Trennendes mehr. Er ist im Gegenteil zu einem Symbol der Völkerverständigung geworden, was durch zahlreiche Besucher des In- und Auslandes unterstrichen wird.

Info

Kontakte

Gebietsgemeinschaft Grünes Binnenland e.V.
Stapelholmer Weg 13 | 24963 Tarp
tel 04638|898404 | fax 04638|898405
www.tourismus-nord.de

Touristik-Information Rendsburg | Altstädter Markt 1
24768 Rendsburg
tel 04331|21120 | fax 04331|23369
rendsburg@tourist-information.de

Museum

Museum Danevirkegården | Ochsenweg 5
24867 Dannewerk
tel 04621|37814 | www.dannewerk.de

Naturerlebnisräume

BUNDE'e Wischen | Königswill 13 | 24837 Schleswig
tel 04621|984080 | www.bundewischen.de

Anreise

A7 Hamburg–Flensburg, Abfahrten Schleswig/Jagel, Schleswig/Schuby, Tarp, Flensburg/Glücksburg und Flensburg/Harrislee

„Archäologischer Park Danewerk" mit Resten der Waldemarsmauer (1160–82), dem ältesten und bislang größten Ziegelbau Nordeuropas.

Oerlinghausen: Archäologisches Freilichtmuseum

Alltagsleben aus 12 000 Jahren

Im Freilichtmuseum Oerlinghausen erwartet den Besucher eine Zeitreise durch zwölf Jahrhunderte: angefangen von den Sommerlagern eiszeitlicher Rentierjäger bis zur frühmittelalterlichen Hofanlage. Gleichzeitig erfährt man Interessantes über das Verhältnis der Menschen zu ihrer Umwelt, etwa im mittelsteinzeitlichen Wald oder bei den vorgeschichtlichen Äckern. In Oerlinghausen wird Archäologie auf anderthalb Hektar Fläche lebendig gemacht.

Erste Station auf der Zeitreise ist ein Rentierjägerzelt der Hamburger Kultur (13 000–12 000 v. Chr.), die umgebenden Anpflanzungen wie Zwergbirken, Grasnelken, roter Steinbrech, Krähenbeeren und Wacholder schaffen ein Bild vom untergegangenen Ökosystem der älteren Tundrenzeit. Das Zelt wurde nach einem Befund von Ahrensburg-Poggenwisch in Schleswig-Holstein aus fettgegerbtem Rentier- und Hirschleder aufgebaut. Es zeigt, dass leichte Architektur und mobile Lebensweise eng miteinander zusammenhängen. Klassische Jagdwaffe der Rentierjäger war die Speerschleuder. Zum Bau und Gebrauch dieses eigentümlichen Geräts werden im Freilichtmuseum spezielle Seminare angeboten – praxisnahe Einstiege in die komplexe Welt der Jäger und Sammler.

Zur mittelsteinzeitlichen Station sind es nur wenige Schritte, der Sprung durch die Zeit beträgt aber fünf Jahrtausende. Nachgestellt ist ein Siedlungsausschnitt von den Retlagerquellen, die sich in unmittelbarer Nähe des Museums befinden. An diesem Fundplatz wurden 1927–32 Architekturbefunde ausgegraben, die für mittelsteinzeitliche Verhältnisse außergewöhnlich aussagekräftig sind. Es handelt sich um ovale Hausgrundrisse mit armdicken Pfostenlöchern, die auf einfache, kuppelartige Hüttenkonstruktionen hinweisen. Zwei Varianten zur Eindeckung dieser Hütten stehen sich in Oerlinghausen als Rekonstruktionen gegenüber: Schilfdeckung und Birkenrindendeckung. Für beides gibt es plausible Argumente. Der Besucher bekommt also keine fertigen Lösungen geboten, sondern Alternativen. Damit wird er aufgefordert, sein Bild der Vorgeschichte zu hinterfragen und sich über Varianten Gedanken zu machen.

Am Beginn des Museums 1936 stand die Rekonstruktion eines „Germanischen Gehöfts" des 1. Jh. n. Chr. Die jetzigen Bauten wurden nach einem Brand 1974 wieder errichtet. Da sie jedoch den heutigen strengen Anforderungen an Rekonstruktionen nicht mehr genügen, werden sie nur noch zu Ausstellungszwecken genutzt.

Für viele der Inbegriff jungsteinzeitlicher Wohnkultur: das rekonstruierte Langhaus der Rössener Kultur.

Die Hütten sind von lichtem Haselwald umgeben. „Nutellabäume“ werden Haseln auf Kinderführungen gerne genannt, um den Nährwert der Nüsse zu verdeutlichen. Überhaupt spielt das Thema Ernährung im Museum eine große Rolle. Beim so genannten Kolbenfresserfest wird etwa eine kulinarische Reise durch die Vorgeschichte angeboten. Für die Mittelsteinzeit stehen geröstete Schilfkolben und Dachsbraten auf dem Speiseplan.

EIN AERODYNAMISCHER MEDIENSTAR

Hunderte Medienauftritte machen das jungsteinzeitliche Langhaus zum berühmtesten Gebäude der Anlage. Sein archäologisches Vorbild wurde im rheinischen Braunkohlerevier ausgegraben und datiert in die Zeit der so genannten Rössener Kultur (um 4500 v. Chr.). Der Grund für die Popularität: Es war in den Achtzigerjahren der erste offiziell ernst genommene Nachbau jungsteinzeitlicher Architektur in der deutschen Nachkriegsgeschichte. Diese Pionierleistung hat einen Durchbruch markiert – im Fach konnte wieder offen über vorgeschichtliche Freilichtanlagen nachgedacht werden.

Da die Baugenehmigungsbehörden mit jungsteinzeitlicher Statik überfordert waren, fielen die Holzkonstruktionen etwas zu rustikal aus. Solche Konzessionen an die Betriebssicherheit müssen beim

Blick in den Wohnteil des bronzezeitlichen Langhauses. Hier ist das Übernachten auch im Winter möglich.

Lebendige Vermittlung von Vorgeschichte – wie hier mit der Germanengruppe Chasuari – steht im Mittelpunkt des Freilichtmuseums Oerlinghausen.

In der Tracht einer Slawin präsentiert sich diese Darstellerin bei den alljährlichen Wikingertagen.

Aufbau von Freilichtanlagen bis heute immer wieder gemacht werden. Wer ein grazileres Rössener Langhaus sehen will, sollte im Kurpark von Bad Krozingen bei Freiburg vorbeischauen. Dort steht seit kurzem ein Bau, der nach ganz ähnlichen Befunden konstruiert wurde. Der Oerlinghauser Langbau hat jedoch seinen alten Charme nicht verloren: Für viele Besucher ist er der Inbegriff jungsteinzeitlicher Wohnatmosphäre. Die karge Einrichtung dürfte der damaligen Realität recht nahe kommen. Meist hängen dicke Rauchschwaden unter dem First, da in der Saison für die zahlreichen Schülerprojekte fast permanent ein Feuer brennt. Zur Überraschung vieler bleibt der bodennahe Bereich jedoch nahezu rauchfrei. Grund dafür sind die unterschiedlichen hohen Firstwände, die einen guten Rauchabzug ermöglichen. Richtig orientiert ist darüber hinaus die Gefahr der Sturmschäden für ein solches keilförmiges Haus weitaus geringer als bei einer konventionellen Konstruktion – Aerodynamik in der Steinzeit! Im Umfeld des Hofes wurden Emmer-, Einkorn- und Linsenfelder angelegt.

Die nächste Station wirkt wie ein Fremdkörper. Sauber zugesägte Balken, Betonfußböden und volkskundliche Anleihen zeigen, dass man bei den Ursprüngen des Museums aus dem Jahr 1936 angekommen ist. Damals hatte hier der „Reichsbund für deutsche Vorgeschichte“ unmittelbar an einem kaiserzeitlichen Fundplatz das erste germanische Freilichtmuseum im Reich errichtet. Präsentiert wurde ein – zumindest für die Öffentlichkeit – radikal neues Germanenbild. Nach 1945 wurde die Station im selben Stil zwei Mal wieder aufgebaut. Nur noch in Unteruhldingen hat sich ein vergleichbares Zeugnis nationalsozialistischer Geschichtspropaganda erhalten.

ÜBERNACHTEN WIE IN DER BRONZEZEIT

Über einen bronzezeitlichen Bohlenweg an einem Feuchtbiotop vorbei gelangt man zu einem langen Wohnstallhaus, dessen konstruktive Details aus bronzezeitlichen Befunden halb Europas zusammengetragen wurden. Es eignet sich besonders gut für Tagesprojekte mit Übernachtung. Auf den umgebenden Feldern finden sich typische bronzezeitliche Nutzpflanzen wie Schlafmohn, Bohnen, Hafer oder Hirse. Um die Ecke liegt ein Pferch mit Wollschweinen.

An einer keltischen Mauer vorbei führt der Weg zum frühmittelalterlichen Gehöft. Es wurde nach dem Vorbild einer bei Warendorf in Westfalen ausgegrabenen Siedlung rekonstruiert. Das Bauensemble spiegelt eine im frühmittelalterlichen Mittel- und Nordeuropa häufig verbreitete Siedlungsform wieder. Dörfer im modernen Sinn haben zu dieser Zeit Seltenheitswert. Der Hofkomplex besteht aus einem Langhaus, einer Schmiede, einem Grubenhaus und einem abgehoben gebau-

Das von Feldern umgebene bronzezeitliche Wohnstallhaus wurde nach einem Befund aus Telgte-Wöste rekonstruiert.

ten Stroh- und Kornspeicher. Das Langhaus diente als Wohnung und – nach Befunden von der norddeutschen Küste zu urteilen – als Stall. Im Grubenhaus wurde normalerweise gewoben oder Metall verarbeitet.

Das grüne Zentrum dieser Siedlung bildet ein ausführlich beschilderter frühmittelalterlicher Gewürz- und Gemüsegarten. Er erinnert daran, dass die Merowingerzeit auch mit einer ausgeprägten Gartenkultur in Verbindung gebracht werden kann. Angepflanzt wurde nach dem capitulare de villis Karls des Großen, einer Art Hofhandbuch. Rettich war – vermutlich wegen seiner Wirkung gegen Kopfschmerzen – ein beliebtes Anbauprodukt, Pastinaken dienten als Ersatz für Kartoffeln. Außerhalb der Siedlung liegt das frühmittelalterliche Feld. Neben dem Roggen werden hier auch die zeitgenössischen Ackerunkräuter von der Botanikerin liebevoll gepflegt.

Eine besondere Attraktion ist die 2003 eingerichtete voll funktionsfähige Schmiede, in der zahlreiche Vorführungen stattfinden.

MENSCHEN STATT MONITORE

In Oerlinghausen wird Museumspädagogik ganz groß geschrieben. Aus einer Art Baukastensystem mit über 20 Einzelprogrammen kann sich jeder Besucher seinen idealen Mix zusammenstellen. Wer intensiv in spezielle vorgeschichtliche Themen einsteigen will, kann sich zu einem der vielen Seminare anmelden. Neben den Dauerbrennern Bogenbau und Schmieden gibt es etwa Kurse zur Herstellung einer merowingerzeitlichen Leier, zum Färben oder zur Beinbearbeitung.

Jeden September finden die Oerlinghauser Wikingertage statt. Dann verwandelt sich das Museum in einen frühmittelalterlichen Handelsplatz. Über 100 Darsteller aus ganz Europa führen wikingerzeitliche Moden- und Kampfschauen vor und präsentieren alte Handwerkstechniken. Und wer mag, kann beim Bummel über den Wikingermarkt auch probieren, wie frühmittelalterliche Speisen schmecken. Da Oerlinghausen an der Peripherie des wikingerzeitlichen Einflussbereiches liegt, wird kulturelle Vielfalt zum Programm: Thema ist nicht nur das Leben der Wikinger, sondern auch dasjenige in den angrenzenden Regionen. Die Besucher begegnen deshalb auch Darstellern von salischen Ministerialien oder slawischen Händlern. Dieses bunte Bild dürfte dem damaligen Leben recht nahe kommen.

Info

Archäologisches Freilichtmuseum
Am Barkhauser Berg 2–6 | 33813 Oerlinghausen
tel 05202|2220 | fax 05202|2388
archaeoerl@t-online.de | www.AFM-Oerlinghausen.de

Öffnungszeiten
April bis Okt. tgl. 9–18 Uhr. Von Nov. bis März für Gruppen nach Voranmeldung zugänglich.

Schauen – Fragen – Hand anlegen: das Motto der Oerlinghauser Museumspädagogik.

Malerische Ausblicke

Mitten im Zittauer Gebirge liegt, umgeben von bewaldeten Bergen und schroffen Felsgebilden, der Kurort Oybin. Er wird geprägt durch einen imposanten Sandsteinfelsen, der äußerlich einem Bienenkorb ähnelt. Hier erheben sich die romantischen Ruinen einer mittelalterlichen Burg- und Klosteranlage. Anfang des 14. Jh. wurde diese zu einem wehrhaften Komplex ausgebaut, der dem Schutz zweier über den Pass des Gebirges führenden Handelsstraßen dienen sollte.

Keramikfunde und Bronzegießformen deuten auf eine erste Besiedlung des Oybin in der Bronze- und Eisenzeit hin. Wallreste dieser Zeit können noch heute im Hausgrund erkundet werden. Slawischen Ursprungs ist die älteste überlieferte Namensform des Berges: Moibin – Ort der Mojba. Das Geschick der Anlage ist unmittelbar mit dem Namen eines der bedeutendsten Herrscher des späten Mittelalters verknüpft: Kaiser Karl IV. (1316–1378). Seit 1347 konnte er als deutscher Kaiser und durch Erbrecht als böhmischer König in Personalunion regieren. 1364 ordnete Karl den Bau eines Kaiserhauses auf dem Oybin an. 1369 stiftete er das Kloster dem Orden der Cölestiner. Unter Einfluss des Prager Dombaumeisters Peter Parler wird von 1369–84 die Klosterkirche errichtet.

Die mächtigen Ruinen der Klosterkirche beeindruckten schon Caspar David Friedrich.

Der bienenkorbartige Felsen Oybin vom Tal aus gesehen.

MEISTERWERKE DER BAUKUNST

Vom Dorf Oybin mit seiner malerischen Bergkirche führt ein schmaler Weg durch eine tiefe, grün bemooste Felsspalte zum Fuß der Burg. Von der Vorburg aus gelangt man durch zwei befestigte Tore zur Hauptburg. Auf dem Burghof bilden die Ruinen des Amtshauses und der heute als historisches Museum genutzte ehemalige Wohnturm der Herren von Zittau einen Blickfang.
Das großartigste Gebäude ist aber das so genannte Kaiserhaus. Seine Ruinen erheben sich über einer steilen Felswand neben dem Wohnturm. Der zweistöckige gotische Bau wurde für Kaiser Karl IV. errichtet. Später diente dann ein Teil des Gebäudes den Mönchen des Cölestinerordens als Refektorium. Im östlichen Bereich liegen der „Kreuzgang" und das spätgotische „Bibliotheksfenster", eines der eindrucksvollsten Wahrzeichen des Oybin. Die gewaltigen Ruinen der Klosterkirche mit Wenzelskapelle hinterlassen einen unvergesslichen Eindruck, der schon die Maler der deutschen Romantik faszinierte. Zu den herausragendsten Bauleistungen gehört die hochgotische Kirche mit einer südlichen Kirchwand, die direkt aus dem Felsen gehauen worden ist. Diese enor-

Das Kirchenschiff mit Triumphbogen und Chor.

Das Kaiserhaus (vorn links) liegt etwas unterhalb der Klosterkirche.

Das Bibliotheksfenster neben dem Bahrhaus.

me Arbeit der damaligen Bauleute steht unter dem Einfluss der Prager Bauhütte des Peter Parler von Gmünd. Vom Kirchturm kann der Besucher seinen Blick weit über die romantische Landschaft mit ihren grandiosen Klippen schweifen lassen. Östlich der Klosterkirche liegt ein durch Wehrmauer und Turm gesichertes Hochgelände, das Südplateau. Lohnenswert ist auch ein Rundgang über den Bergfriedhof, wo sich Grabmäler aus dem 16. Jh. und dem Barock erhalten haben.

INSPIRATION FÜR EINEN „ROMANTIKER"

1556 wurde das Kloster durch die Jesuiten aufgelöst und die wertvolle Ausstattung nach Prag gebracht. Ein großer Brand 1577 und ein Felssturz im Jahre 1681 besiegelten dann endgültig Niedergang und Zerstörung der Anlage. Noch heute liegen hausgroße herabgefallene Felsen zwischen den Gebäuden der Anlage. Nachdem der Oybin lange Zeit in Vergessenheit geraten war, wurde er in der Romantik wiederentdeckt. Zu den prominentesten Besuchern gehörte Caspar David Friedrich (1774–1840), der Eindrücke und Baudetails in sein malerisches Werk einfließen ließ.

Seit 1992 laufende Sanierungsmaßnahmen wurden systematisch durch archäologische Ausgrabungen begleitet. Ausgewählte Funde können

Blick auf die Ruine des Kaiserhauses von Nordosten.

Info

Burg und Kloster Oybin | Hauptstraße 16
02797 Oybin
tel 035844|7340 | fax 035844|73427
info@burgundkloster-oybin.de
www.burgundkloster-oybin.de

Öffnungszeiten
April bis Okt. tgl. 9–18 Uhr;
Nov. bis März tgl. 10–16 Uhr

Führungen
auf Anfrage möglich, Dauer etwa 2 Std.

Anreise
Von Dresden über die A4 bis Bautzen, die B6 nach Löbau und die B178 nach Zittau, von dort der Beschilderung „Zittauer Gebirge" folgen und weiter zum Oybin.

Besondere Angebote
In den Sommermonaten werden jeden 2. Samstag in den Abendstunden historische Mönchszüge angeboten. Ausflugstouren „In die Romantik", Konzerte und kulinarische Veranstaltungen ergänzen das Angebot.

Ein breites Spektrum materieller Sachkultur belegt ausgeprägte Beziehungen nach Schlesien, Böhmen und in die Oberlausitz. Die Grabungen werden fortgesetzt und laden zum Besuch ein.

im Oybin-Museum bestaunt werden: Dazu gehört etwa ein Ofen aus polychrom glasierten Kacheln mit Darstellungen von religiösen und profanen Motiven. Ein beachtlicher Komplex an Harnischfragmenten aus der Zeit um 1500 wurde unter dem Brandschutt des Kaiserhauses entdeckt. Von gehobenem Lebensstandard zeugt eine teilweise rekonstruierte Fußbodenheizung des 14./15. Jh. Zu den eindrucksvollsten Ergebnissen der Grabung gehört sicherlich die Freilegung einer Gebäudeanlage zwischen Bahrhaus und Kaiserhaus. Unter den Schuttmassen konnten in den anstehenden Fels geschlagene Räume mit rätselhaften Kreuzzeichen freigelegt werden.

Bei den Ausgrabungen entdeckte Gewölbe.

Imposante Wehranlage

Das Gebiet südlich und westlich des Spreewaldes war seit dem 8. Jh. von den slawischen Lusizi besiedelt. Ihnen verdankt die Lausitz ihren Namen. Aus dieser Zeit gibt es noch etwa vierzig kleine ringwallförmige Befestigungsanlagen. Hierzu gehört auch die Slawenburg Raddusch. Sie wurde an ihrem Originalstandort, der im Gegensatz zu anderen Fundstätten durch die Stilllegung des Tagebaus Seese-Ost gerettet werden konnte, wieder errichtet und beherbergt heute ein Museum, das als Bildungs- und Erlebnisstätte über die Lausitzer Ur- und Frühgeschichte Besucher aus nah und fern anzieht.

In der Niederlausitz ist seit Beginn der Tagebauförderung vor 150 Jahren auf mehreren hundert Quadratkilometern Kulturlandschaft mit Tausenden historischen Baudenkmälern zerstört worden. So verschwanden etwa in Tornow, Schönfeld, Presenchen und Groß Hübbenau die Überreste frühmittelalterlicher slawischer Wehranlagen aus dem 9./10. Jh. in der Braunkohlengrube. Das gleiche Schicksal hätte auch die Burgwallanlage von Raddusch ereilt, dank Tagebaustilllegung konnte die Zerstörung des Fundortes jedoch gestoppt werden. Aus diesem glücklichen Umstand heraus entstand zu Beginn der 90er-Jahre die Idee zur Rekonstruktion der Burg mit Einrichtung einer Ausstellung zur Niederlausitzer Braunkohlenarchäologie.

Seit Mitte der 90er-Jahre greift auch in der Niederlausitz wie in den anderen neuen Bundesländern die Bergbausanierung. Dabei soll weit mehr erreicht werden als nur die Wiederherstellung der Naturlandschaft mit Badeseen, Wäldern und Feldern. Hauptziel ist die Schaffung einer spannenden und lebenswerten neuen Landschaft mit Zitaten der verschwundenen Kulturlandschaft. Das hierbei federführende Unternehmen LMBV (Lausitzer und Mitteldeutsche Bergbauverwaltungsgesellschaft mbH) übernahm auch finanziell und technisch den Bau der Slawenburg Raddusch.

Diese wurde genauso rekonstruiert wie vor über 1000 Jahren, als die Truppen Ottos I. durch das Stammesgebiet der Lusizi zogen.

Damals lagen die Ringwallburgen mit ihren teilweise über 10 m hohen Mauern aus Holz, Erde und Lehm in oder am Rande großer, sehr feuchter Niederungen. Die sumpfige und freie, baumlose Umgebung verhinderte das unentdeckte Annähern von Freund und Feind. Heute vermittelt die entwaldete Tagebaufolgelandschaft durchaus einen vergleichbaren Eindruck. Im Innenhof der Wallanlage erwartet den Besucher ein überraschender Anblick, denn hier wurde ganz bewusst auf eine tatsächliche, puristische Rekonstruktion verzichtet. So soll deutlich werden, dass die Slawenburg Raddusch ein neuer Bau, eine Adaption des historischen Zustandes, ist. Aus diesem Grund hat man im Burghof Alt und Neu in interessanter Mischung kombiniert.

Neben Originalfunden, wie der Hanseschale und Schöpfkelle aus einem Eichenknorren, stehen auch Nachbildungen wie das blechbeschlagene Daubeneimerchen und eine gedrechselte Schale.

Gewaltig aus einer baumlosen Landschaft aufragend – so präsentierte sich die Burg auch schon in slawischer Zeit.

FUNDE, ANIMATIONEN UND EIN TIMETUNNEL

Das Innere des Wallkörpers birgt die vom Brandenburgischen Landesamt für Denkmalpflege und Archäologischen Landesmuseum konzipierte Ausstellung „Archäologie in der Niederlausitz“. Wobei Archäologie in dieser Region seit Jahrzehnten vor allem und in erster Linie Braunkohlenarchäologie bedeutet. Im Mittelpunkt der Ausstellung steht der Originalfund, häufig ergänzt durch Rekonstruktionen. Animationen auf kleinen Monitoren direkt in den Vitrinen veranschaulichen den Verwendungszweck einzelner Funde. Diese Art von Vermittlung spricht nicht nur die Kinder an, auch so mancher Erwachsene kann sich auf diese Weise die Funktion eines Spinnwirtels oder eine Stilpflugschar besser vorstellen. Eine besondere Attraktion ist der tageslichtfreie Timetunnel. Über eine neugierig machende Lichtgestaltung wird der Besucher hier von Zeitbereich zu Zeitbereich geleitet.

Am Beginn der Ausstellung warten die Erbauer der Burg des 9. Jh. – ein erfahrener Lusizer plaudert

Im Hof der Slawenburg wurde einer von ehemals vier Brunnen nachgebildet. Eine Rekonstruktion nach archäologischem Befund ist auch die Wandverkleidung aus Holzstämmen mit Lehm in den Zwischenräumen.

In slawischer Zeit im Sommer nur ein um die Burg laufender Sumpf – heute als ständig wasserführender Graben gestaltet.

Am Modell der Burg und auf einer Videowand können die Besucher das Innere der befestigten Anlage betrachten.

Info

Förderverein Slawenburg Raddusch e.V. | OT Raddusch
Zur Slawenburg 1 | 03226 Vetschau/Spreewald
tel 035433|55522 | fax 035433|55523
slawenburg-raddusch@t-online.de
www.slawenburg-raddusch.de

Öffnungszeiten
April bis Okt. tgl. 10–18; Nov. bis März 10–16 Uhr

Anreise
Anfahrt mit dem Auto über die A15, Abfahrt Vetschau. RE-Züge verkehren stündlich von Berlin oder Cottbus.

Im Timetunnel: Lichtinszenierungen führen den Besucher hier von Zeit zu Zeit und von Fund zu Fund.

mit einem Jungen über den Burgenbau. Auch Fragen, die sich naturgemäß beim Anblick und Betreten der Slawenburg Raddusch ergeben, werden hier beantwortet. Der Gang durch die Urgeschichte führt von den ersten Rentierjägern der Ahrensburger Kultur vor 12000 Jahren, über das Neolithikum mit der prägenden Schnurkeramik bis zur ältesten Bronzezeit aus den Gräbern der Aunjetitzer Kultur. Ausstellungsschwerpunkt ist die Lausitzer Kultur der Bronze- und frühen Eisenzeit. Rudolf Virchow prägte Ende des 19. Jh. den Begriff Lausitzer Kultur nach dem Namen der Landschaft, die besonders reiche Funde dieser Zeit aufweist. Die Rekonstruktion eines jüngstbronzezeitlichen Gräberfelderbereichs mit Holzkammern und reicher Keramikausstattung soll illustrieren, dass archäologische Funde oft direkt unter unseren Füßen liegen. Mit den Germanen des 2. bis 5. Jh. schließt sich ein Kreis im Ringwall. Die Lusizi wanderten im 8. Jh. ein und erbauten später ihre Burgen.
In den kommenden Jahren soll auch das Umfeld der Slawenburg umgestaltet werden. Lehrpfade zu den Befestigungsanlagen mit damals typischen Nutzpflanzen sind bereits im Entstehen. Eine partiell ergrabene, zur Burg gehörige Vorburgsiedlung wird derzeit wissenschaftlich ausgewertet. In einigen Jahren kann sie vielleicht auch rekonstruiert werden und so das Ensemble entscheidend bereichern.

Eingespannt im Keltenpflug

Seit Sommer 2001 besitzt die Gemeinde Ringelai im Bayerischen Wald eine besondere touristische Attraktion: das Keltendorf Gabreta. Unter dem Stichwort „experimentelle Archäologie" können Besucher hier Geschichte erleben und begreifen, indem sie selbst aktiv am keltischen Leben teilnehmen.

„Fahr doch nach Gabreta!" An einem schönen Sonntagvormittag sitze ich nach einem rauschenden Sommerfest im Garten eines Freundes im Bayerischen. Wir sind gerade etwa 130 km im Einbaum die Donau hinuntergepaddelt und unterwegs oft in die lange Geschichte dieser schönen Gegend eingetaucht, aber ich möchte, wo ich schon mal hier bin, noch mehr Archäologisches erkunden. Da ich schon von dem Keltendorf gehört hatte und es auch nicht allzu weit ist, mache ich mich kurz entschlossen auf den Weg in den Bayerischen Wald.

ÜBERNACHTUNG UNTER KELTEN

Gabreta hieß das bayerisch-böhmische Gebirge schon in antiker Zeit, und zu einer geografischen Expedition á la Strabo scheint zunächst auch meine Fahrt auszuarten, doch nach einigem Suchen finde ich das Dorf auf dem Hügel inmitten der bewaldeten Höhen. Seit August 2001 gibt es den Erlebnispark, der als Gemeinschaftsprojekt von privaten und staatlichen Partnern geplant und finanziert wurde. Hier soll den Gästen die Welt der Kelten vermittelt werden, Geschichte zum Anfassen und Mitmachen. Als Medium dienen 1:1-Modellbauten von spätbronze- und eisenzeitlichen Häusern. Gruppenübernachtungen im Dorf gehören ebenso zum Konzept wie Schulprojekte und saisonale archäotechnische Vorführungen.

Vor der blau-weißen Wand, die eine abziehende Regenfront an den Himmel wirbelt, liegen die Hütten vereinzelt in dem Areal, der Platz mit seinem Ausblick über die Höhen des Bayerischen Waldes ist gut gewählt. Zimmermannstechnisch ist das alles einwandfrei, doch bei näherem Hinschauen wünsche ich mir, dass alle Balkenköpfe noch mal überbeilt würden, um die deutlich sichtbaren Spuren der Kettensäge zu tilgen. Ein klein wenig enttäuscht folge ich dem Rundgang: Ansonsten sind die Häuser ja recht ordentlich ausgeführt, auch

1:1-Modelle keltischer Häuser lassen die Vergangenheit in Gabreta lebendig werden.

Blick auf das Areal des Keltendorfes Gabreta. Von der Anlage aus hat man einen guten Blick über die Höhen des Bayerischen Waldes.

Um die Anstrengungen keltischer Feldarbeit zu verdeutlichen, spannt Besucherführer Paul Freund (vorne links) auch schon mal Gäste vor den Pflug.

unterbricht hier und da eine Schindeldeckung die in Freilichtmuseen ebenso lieb gewonnenen wie langweiligen oder im temporär/geografischen Kontext schlicht falschen Reetdächer. Und ein Experimentierhaus gibt es: Hier lädt ein unfertiges Balkengerüst zum Weiterbau ein und die Wände müssen verlehmt werden, auch für Kinder ist hier einiges geboten … nun gut.

FÜHRER MIT LEIB UND SEELE

Als ich auf die nächste Hütte zugehe, höre ich einen urbayerischen Bass zwischen vereinzelten Besucherstimmen. Eine Führung? Der Bass gehört Paul Freund, einem Landwirt aus dem Nachbardorf. Wie so viele seiner Kollegen findet er bei der Feldarbeit immer wieder Relikte aus alten Zeiten. Über 30 000 Keramikscherben und Steinartefakte hat er zusammengetragen, einige seiner Stücke belegen, dass die Gegend bereits in keltischer Zeit besiedelt war. Diese Scherben begründeten letztlich die Idee, hier ein Keltendorf zu bauen, um damit Geschichte lebendig werden zu lassen. Auf liebenswert polterige Art schildert Freund den Alltag in der Eisenzeit, untermalt mit Schwänken aus der Bauphase von Gabreta. Wie anstrengend keltische Feldarbeit war, spüren die Besucher am eigenen Leib, als Paul Freund sie kurzerhand vor den Pflug spannt. Im Kräutergarten fällt ihm zu jeder Heilpflanze ein Sinnspruch ein, und der anfänglich etwas fade Museumsbesuch gerät so zu einem äußerst kurzweiligen Nachmittagsvergnügen.

In Gabreta macht jemand mit Herzblut Geschichten aus Geschichte. Fast drei Stunden dauert die Zeitreise, bei der wir erfahren, wie die Kelten ihre Häuser bauten, wie ein Lehmkuppelofen funktioniert und wie in alten Zeiten Feuer gemacht wurde. Das ist Historienpräsentation, die an der Schnittstelle von Altertumswissenschaft und Freizeitkultur gekonnte Vermittlungsarbeit leistet, und da sind die Kettensägenspuren schon fast vergeben. So fundamental wichtig die Orientierung an archäologischer Forschung auch ist, erst eine besuchernahe Didaktik macht ein Freilichtmuseum zum Lernort und füllt die architektonische Kulisse mit Leben. Hoffen wir, dass die Betreiber von Gabreta diesen Weg der eher leisen Töne abseits von Historien-Hysterie und Klamauk-Folklore weitergehen und nicht der Konkurrenz einer oftmals schrillen (kultur)touristischen Mega-Bespaßung hinterherhecheln.

Info

Keltendorf Gabreta | Lichtenau 1a | 94106 Ringelai
tel 08555|407310 | www.gabreta.de

Öffnungszeiten

April bis Okt. Di bis Fr 9.30–18, Sa, So 10–18 Uhr

Schaufenster einer frühen Stadt

Haithabu war zur Wikingerzeit einer der bedeutendsten Siedlungsplätze Nordeuropas. Hier liefen die wichtigsten Fernhandelswege zusammen. Das Leben in dieser von Dänen, Sachsen, Friesen und Slawen bewohnten Siedlung trug bereits Merkmale einer mittelalterlichen Stadt. Heute noch umschließt ein mächtiger Halbkreiswall das 24 ha große Gelände am Haddebyer Noor, in dessen unmittelbarer Nähe 1985 das Wikinger Museum Haithabu eröffnet wurde.

Im Jahre 804 erwähnen die Fränkischen Reichsannalen zum ersten Mal die Siedlung an der Schlei: „Zu derselben Zeit kam der Dänenkönig Godofrid mit seiner Flotte und der ganzen Ritterschaft seines Reiches nach Sliesthorp auf der Grenze seines Gebietes und Sachsens." Der Name „Haithabu" taucht in den skandinavischen Quellen als Bezeichnung für dieselbe Stadt auf. Er bedeutet so viel wie „Heideort".

Vier Jahre später, im Jahr 808, führte jener König Godofrid eine ungewöhnliche Maßnahme durch. Er ließ den Handelsort Reric im heutigen Mecklenburg zerstören und übersiedelte sämtliche Kaufleute nach Haithabu. Damit begann der Aufstieg der Siedlung, die zu ihrer Blütezeit rund 1000 Einwohner hatte.

Ungefähr 250 Jahre lang war Haithabu ein erfolgreiches Handelszentrum der Wikinger, bis es im Jahr 1066 einem Angriff der Slawen zum Opfer fiel. Daraufhin baute man die Siedlung an anderer Stelle, nämlich am Nordufer der Schlei, wieder auf. Die heutige Stadt Schleswig entstand dort und allmählich geriet der ursprüngliche Siedlungsplatz Haithabu in Vergessenheit. Nie wieder wurde die ehemalige Ansiedlung überbaut. Jahrhunderte lang lag nur der große Wall sichtbar in der Landschaft, bis dieser Ort gegen Ende des 19. Jh. als Haithabu identifiziert werden konnte. Im Jahr

Das Wikinger Museum Haithabu wurde 1985 in unmittelbarer Nähe des historischen Ortes gegründet.

Die Landschaft um Haithabu hat sich seit der Wikingerzeit kaum verändert. Auch heute noch umschließt ein mächtiger Halbkreiswall das ehemalige Siedlungsareal. Nach Westen erstreckt sich das eindrucksvolle Befestigungssystem des Danewerks.

1900 begannen hier archäologische Untersuchungen, die bis heute andauern.
Der rasche Aufstieg Haithabus ist auf seine verkehrsgünstige Lage zwischen Nord- und Ostsee zurückzuführen: Von Osten konnte der Seehandel durch die tief ins Landesinnere reichende Schlei den Ort direkt von der Ostsee erreichen und nach Westen war die Stadt von den schiffbaren Wasserläufen der Treene und Eider nur durch eine schmale Landbrücke getrennt. Somit war auch für die Bevölkerung Haithabus das Schiff wichtigstes Verkehrsmittel. Die Siedlung besaß einen gut ausgebauten Hafen mit Schiffsländen und Landebrücken, auf denen auch Handel betrieben wurde. Vom Grund des Noores wurden mehrere Schiffswracks geborgen. Das größte, ein 30 m langes skandinavisches Kriegsschiff mit ca. 50 Riemen, wird in der Schiffshalle des Museums vor den Augen der Besucher wieder aufgebaut.
Stadt und Hafenanlagen waren ausschließlich aus Holz gebaut. Dank des feuchten Bodens am Haddebyer Noor, dessen Wasserspiegel in den letzten tausend Jahren leicht angestiegen ist, haben sich Holzteile gut erhalten. Somit konnten bei den Ausgrabungen neben gut bewahrten Kleinfunden auch Hausfundamente, Zäune, Bohlenwege und eine kleine Brücke über den Bach, der die Siedlung durchschnitt, freigelegt werden.

HANDEL MIT ROHSTOFFEN, LUXUSGÜTERN UND SKLAVEN

In Haithabu trafen Händler aus aller Welt aufeinander. Der arabische Kaufmann At-Tartuschi berichtet aus dem Jahre 965 von seinem Aufent-

In der Schiffshalle sind Originalteile und Rekonstruktion eines 18 m langen Kriegsschiffes zu sehen.

Handwerk im Experiment: Hier führt ein Perlenmacher seine Kunst vor.

halt in Haithabu: „Schleswig ist eine sehr große Stadt am Ende des Weltmeeres ..." Die Funde an Handelswaren, die heute im Museum ausgestellt sind, stammen aus weit verstreuten Gegenden: Walrosselfenbein vom Nordmeer, Speckstein und Wetzschiefer aus Norwegen, Eisenbarren aus Schweden, Glas und Keramik vom Rhein, Basalt-Mühlsteine aus der Eifel, Tannenholzfässer vom Oberrhein, Bergkristall- und Karneolperlen vom Kaukasus, Quecksilber aus Spanien, Holzteer aus dem waldreichen Ostseeraum, Schmuck aus Irland, Gotland und den baltischen Ländern, ein Bleisiegel aus Konstantinopel, arabische Münzen u.v.m. Der Fund von Sklavenfesseln belegt, dass neben Rohstoffen und Prestigegütern auch „lebende Ware" verkauft wurde.

Die besondere Bedeutung Haithabus wird auch durch Funde von eigens hier geprägten Münzen unterstrichen. Unlängst konnte man nachweisen, dass einige der im Hafen entdeckten arabischen Münzen nicht geprägt, sondern gegossen wurden. Waren schon damals Geldfälscher am Werke?

HANDWERK UND RUNENSTEINE

Es besteht kein Zweifel daran, dass in Haithabu viele Handwerker als wichtiges Element der Stadtwirtschaft ansässig waren. Dies belegen neben zahlreichen Werkzeugfunden auch fertige Waren, Halbfabrikate, Rohmaterialien und Abfallprodukte. Auch alle Arten von Kunstschmiedehandwerk sind nachgewiesen. Darüber hinaus gab es Kammmacher, Glasperlenhersteller und diverse Holzhandwerker. Aufgrund der feuchten Bodenverhältnisse haben sich in Haithabu sonst eher seltene Textilreste erhalten. So war es möglich, Kleidungsstücke zu rekonstruieren. Auch deren Herstellungstechniken sind durch diverse Funde wie Webgewichte und Spindeln belegt. Keramikgefäße wurden oft in eigener Herstellung produziert. Speisereste geben über die Ernährungsgewohnheiten der Bewohner Auskunft.

Zu den beeindruckendsten Funden gehören vier Runensteine. Die Originale befinden sich im Museum, an den Fundorten im Gelände stehen deren Kopien. Der so genannte Skarthi-Stein erzählt zum Beispiel von einem Gefolgsmann des Dänenkönigs Sven Gabelbart, der in einer Schlacht bei Haithabu ums Leben kam. Daneben sind auch weitere Funde mit Runenzeichen, die eher für alltägliche Botschaften und Notizen bzw. für magische Zwecke benutzt wurden, zu sehen. So hat man Runen etwa in Holzstäbchen, Knochen und auf Speckstein geritzt.

Die altnordische Mythologie hat mit ihren zahlreichen Göttern viele Spuren in Haithabu hinterlassen. Amulette, Talismane und Kultgegenstände zeugen vom Donnergott Thor und von Odin, dem Obersten der Götter sowie von gefallenen Kriegern in Walhall und den Weltuntergangs-Ungeheuern. Im Laufe der Jahrhunderte kamen aber auch christliche Gegenstände zu den heidnischen hin-

zu. Nachdem im Jahre 831 das Erzbistum Hamburg als Stützpunkt für die kirchliche Organisation und Mission im Norden geschaffen worden war, sandte man den Priester und späteren Erzbischof Ansgar nach Skandinavien auf Missionsreise.
Um das Jahr 850, so liest man in Ansgars Vita, erhielt er die Erlaubnis vom Dänenkönig Horich, in Haithabu die erste Kirche zu errichten und eine Priesterwohnung zu bauen. Nun war jedem Menschen im Dänenreich freigestellt, welchem Glauben er sich anschließen wollte. Dies hatte bemerkenswerte Auswirkungen auf die Kultur, in der nun sowohl christliche als auch heidnische Elemente auftauchen. In Haithabu findet man neben zahlreichen Amuletten in Form des Thorshammers auch solche, in die zusätzlich ein kleines Kreuz eingraviert ist. Auch die Handwerker stellten sich geschickt auf die veränderte Situation ein, indem sie nun zum Beispiel Gussformen aus Speckstein herstellten, in die nebeneinander Kreuze und Thorshammer eingegraben sind. Die christliche Mission im Norden erlitt zwar noch einige Rückschläge nach Ansgars Tod, doch im Jahr 948 konnten in Haithabu, Ribe und Aarhus gleichzeitig neue Bistümer gegründet werden.
Auch die Begräbnissitten änderten sich mit dem Glaubenswechsel. Haithabus Friedhöfe mit geschätzt 12 000 Gräbern weisen verschiedene Riten und Grabanlagen auf. Als reichstes Grab legte man zu Beginn des 20. Jh. ein Bootkammergrab frei, in dem drei Männer bestattet waren. Neben mehreren Schwertern, Schilden, Pfeilen und Gefäßen enthielt es auch die Skelette dreier Pferde samt Pferdegeschirr. Das Außergewöhnliche an dieser Bestattung ist neben den wertvollen Grabbeigaben ein 18 m langes Boot, das über der Grabkammer in den Hügel mit eingebettet war. Es handelte sich um ein seetüchtiges Kriegsschiff. Die Funde lassen darauf schließen, dass es sich um eine königliche Bestattung handelte.

NACH 1200 JAHREN

Die Archäologie hat in Haithabu noch viele Aufgaben vor sich. Moderne Forschungsmethoden wie Geomagnetik und Georadar haben in den letzten Jahren neue Erkenntnisse über die Stadtstruktur erbracht. Im Jahr 2004 wird die 1200-jährige Ersterwähnung der Siedlung mit einem großen Wikingermarkt gefeiert. Demnächst wird auch der Grundstein für die Rekonstruktion von sieben wikingerzeitlichen Häusern auf dem Siedlungsgelände in Haithabu gelegt.

Info

Wikinger Museum Haithabu | Schloss Gottorf
24837 Schleswig
tel 04621|8130 | fax 04621|813535
info@schloss-gottorf.de | www.haithabu.de

Öffnungszeiten
April bis Okt. tgl. 9–17 Uhr; Nov. bis März Di bis So 10–16 Uhr

Führungen
Ganzjährig gegen Gebühr zu den historischen Stätten und zum Befestigungswall Danewerk und nach Hollingstedt, dem einstigen Nordseehafen Haithabus.

Anreise
- **mit dem Auto: A7 Hamburg–Flensburg, Ausfahrt Schleswig/Jagel. Das Museum liegt an der B76 zwischen Schleswig und Kiel.**
- **mit der Bahn: Strecke Hamburg–Flensburg. Ab Bahnhof Schleswig ca. 3 km Fußweg oder Bus Richtung Kiel bis Haltestelle Haddeby.**

Im Sommer verkehrt ein Motorschiff regelmäßig zwischen dem Hafen Schleswig und dem Museum. Eine Fahrt dauert 20 Min.

Besondere Angebote
Jährlich diverse Veranstaltungen zum Thema „Handwerk im Experiment" sowie eine „Herbstmesse" und einen „Gartentag"

Glocke aus dem Hafen von Haithabu. Sie stammt wahrscheinlich aus der Bistumszeit der Stadt um 948 und ist damit die älteste vollständig erhaltene Läuteglocke Nordeuropas.

Morgengabe einer Kaiserin

Zu Füßen des legendenumwobenen Kyffhäusers liegt in landschaftlich einmaliger Lage eine Königspfalz aus dem 8. bis 13. Jh. Urkunden aus den Jahren 972 bis 1042 belegen die Anwesenheit von mindestens sieben Königen in Tilleda. Auch Kaiser Friedrich Barbarossa soll sich 1147 hier aufgehalten haben. Als bisher einzige, vollständig ausgegrabene Anlage gilt die Pfalz über Deutschlands Grenzen hinaus als das Musterbeispiel einer derartigen Herrscherresidenz.

Als Stammland der ottonischen Herrscher zählte die Region um den Harz im 10. Jh. zu den wichtigsten Gegenden des Reiches. Etliche Pfalzen dienten als zeitweilige Residenzen und Verwaltungsmittelpunkte des ausgedehnten Reichsgutes. Als Kaiser Otto II. 972 eine der interessantesten Frauen des Mittelalters, die byzantinische Prinzessin Theophanu, heiratete, erhielt sie von ihm – unter anderem – den „kaiserlichen" Hof Tilleda als Witwengut. Über 200 Jahre später fand hier 1194 eine historische Versöhnung zwischen Welfen und Staufern, vertreten durch König Heinrich VI. und Herzog Heinrich den Löwen, statt. Danach wurde der Platz allmählich aufgegeben.

Schon im Eingangsbereich lässt das über 30 m lange Zangentor aus dem 10. Jh., eines der größten seiner Art, die ehemalige Monumentalität der Pfalz erahnen. Wie weitläufig und komplex die Anlage dann wirklich war, offenbart der Blick vom mittelalterlichen Belagerungsturm. Geschützt von einer 2,5 m starken Wehrmauer nehmen „Obere" und „Untere Vorburg" den Hauptteil der 5,6 ha großen Fläche ein. Hier lag der Wirtschaftsbereich, der im 12. Jh. als „Tafelgut" bezeichnet wurde, denn er musste die Überschüsse erwirtschaften, die zur Versorgung der königlichen Tafel dienten. Weiter östlich, in Richtung der Spitze des Bergsporns, riegelten drei Wallanlagen den Bereich der Hauptburg ab. Dort lagen die königlichen Repräsentationsbauten und die Pfalzkirche, die sich deutlich von den bescheidenen Gebäuden der Vorburg unterschieden.

Ein 30 m langes Gebäude auf der Hauptburg, dessen Pfosten heute durch Eichenstämme markiert sind, diente im 10. Jh. als Königshalle. Der hölzerne Großbau ähnelt äußerlich etwa einer Stabkir-

Blick von der Hauptburg auf den „Mittel- und Vorderwall", dahinter die „Obere Vorburg".

Als provisorische Befestigung kamen bei kriegerischen Auseinandersetzungen so genannte „Spanische Reiter“ zum Einsatz.

Info

Freilichtmuseum Königspfalz Tilleda | Schulstraße 4
06537 Tilleda
tel 034651|2923 | fax 034651|70038
www.tilleda.ottonenzeit.de

Öffnungszeiten
März und Nov. tgl. 10–16 Uhr;
April bis Okt. tgl 10–18 Uhr

Anreise
über die A38, Ausfahrt Sangerhausen-West

Besondere Angebote
Spezielle Arrangements und Teilnahme an archäologischen Experimenten auf Anfrage möglich.
Im Juli großes zweitägiges Ritterfest mit vielen Akteuren.

che. Auf der Gegenseite des Hofes finden sich Spuren ungewöhnlichen Komforts. Eine Unterboden-Heißluft-Heizung ermöglichte das rauchfreie Erwärmen der königlichen Wohngemächer. Im 11. Jh. werden die Herrschaftsgebäude zunehmend aus Steinen errichtet.

HARTER ALLTAG DER EINFACHEN BEVÖLKERUNG

Vom herrschaftlichen Prunk führt der Weg im Ausstellungshaus zum einfachen Pfalzbewohner. Hier erfährt der Besucher unter anderem, dass in Tilleda Slawen und Deutsche – entgegen dem Trend des Hochmittelalters – offenbar friedlich zusammenlebten. Besonders alt wurden die Menschen aus der Vorburg allerdings nicht. Am Skelettmaterial aus dem Pfalzfriedhof lassen sich auch Mangelerscheinungen infolge schlechter Ernährung, Spuren von Infektionskrankheiten oder auch von Unfällen nachweisen. Und so mancher hielt offenbar seinen Kopf für den König (und das Vaterland) hin – auch wenn die Schwerthiebe auf dem Kopf verheilten.
Ansonsten war der Alltag von schwerer Arbeit geprägt. Neben Landwirtschaft spielte dabei das Handwerk eine besondere Rolle. Exemplarisch für die Vielzahl der Werkstätten wurden auf dem Gelände eine Tuchmacherei sowie der Arbeitsplatz eines Beinschnitzers, eines Töpfers und eines Drechslers möglichst detailgetreu nachgestellt.

ERLEBNIS GROSS GESCHRIEBEN

All diese Attraktionen kann man aber nicht nur anschauen, sondern nach Lust und Laune auch selbst ausprobieren. Der Mörtelmischer lässt sich durchaus drehen und funktioniert, ebenso die Drechselbank, die Webstühle und die Töpferscheiben. In einem Ausstellungshaus kann, wer mag, wichtige Mitteilungen für die Nachwelt auf einer Wachstafel hinterlassen.
Darüber hinaus bieten museumspädagogische Angebote, etwa zur Bautechnik, zur Musik, zur Sprache und Literatur oder zum Kriegshandwerk interessante Einblicke in verschiedene Bereiche mittelalterlichen Lebens. Und einmal im Jahr wird im Rahmen des größten Ritterlagers Mitteldeutschlands eine wahre Episode hochmittelalterlicher Geschichte möglichst realistisch nachgespielt.

Mittelalterliche Kirschsuppe und Stockbrot schmecken am besten selbst zubereitet!

Die älteste Stadt Deutschlands

In Trier ist die Antike auch heute noch lebendig und erlebbar. In keiner anderen deutschen Stadt können Besucher so viele originale Bauten aus der Römerzeit besichtigen wie hier. Die Kaiser- und die Barbarathermen, der Dom und die Liebfrauenkirche, die heute als Konstantin-Basilika bekannte Palastaula, die Porta Nigra und das Amphitheater gehören zum Unesco-Weltkulturerbe. Und über die alte Römerbrücke fließt heute noch der Verkehr.

„Ante Romam Treveris stetit annis mille tricentis" – Vor Rom stand Trier schon tausend und dreihundert Jahre. Diese Inschrift am Roten Haus neben der Steipe, dem ehemaligen Trink- und Festhaus der Ratsherren am Trierer Hauptmarkt geht auf eine mittelalterliche Überlieferung zurück. Auch wenn die Stadt nicht so alt ist, wie die Inschrift glauben machen möchte, ist Trier mit seinem Gründungsdatum 17/16 v. Chr. doch die älteste Stadt Deutschlands. In römischer Zeit war sie Hauptort der Provinz Gallia Belgica. Im späten 3. und im 4. Jh. wurde die Stadt sogar eine der Hauptstädte des Römischen Reiches.

DAS WAHRZEICHEN DER STADT

Beginnen wir den Rundgang durch das römische Trier an der Porta Nigra, dem Wahrzeichen der modernen Stadt und besterhaltenen Stadttor aus römischer Zeit nördlich der Alpen. Fast 23 m hoch erhebt sich das dreigeschossige Torhaus mit seinen beiden Durchfahrten, rechts und links flankiert von Türmen. Das im letzten Drittel des 2. Jh. errichtete imposante Bauwerk blieb jedoch bereits in römischer Zeit gewissermaßen als Rohbau stehen. Die Sandsteinquader befinden sich heute noch in dem roh zugehauenen Zustand, so wie sie aus den umliegenden Steinbrüchen im Biewer- und Kylltal und von den Putzlöchern bei Butzweiler geliefert worden sind. Wer genau hinsieht,

Die mächtige Toranlage Porta Nigra, das Wahrzeichen Triers, steht heute wie bereits in römischer Zeit am Anfang einer der Hauptstraßen.

erkennt auf einigen Steinen Buchstabengruppen. Diese werden als „Steinbruchmarken" interpretiert und geben Hinweise auf die Herkunft aus den unterschiedlichen Steinbrüchen der Region. Die Steinquader wurden ohne Mörtel aufeinander geschichtet und durch Eisenklammern zusammengehalten. Diese fielen im Mittelalter aber oft dem Metallraub zum Opfer, daher sind heute meist nur noch die Bohrlöcher im Gestein erkennbar. Dass die Porta Nigra selbst die Zeit weitgehend unbeschadet überlebte, verdankt sie ihrer Umwandlung in eine Doppelkirche im 11. Jh. Der heilige Simeon ließ sich hier in einer Zelle einschließen und wurde nach seinem Tod auch dort bestattet. Erst unter den Franzosen Ende des 18./Anfang des 19. Jh. kam es zum Abriss der Kirche. Die Freilegung des ursprünglichen Bauwerks erfolgte dann unter den Preußen im 19. Jh. Von der Kirche hat sich – von außen sichtbar – nur die romanische Apsis erhalten, sie ist an der zum Bahnhof gerichteten Seite noch erkennbar. Im Innern der Porta Nigra finden sich weitere Spuren des mittelalterlichen Baus mit seinen rokokozeitlichen Umgestaltungen. Von der Porta Nigra aus gelangt man über die Simeonstraße, die in etwa der alten römischen Nord-Süd-Straße, dem cardo maximus, folgt, in die Innenstadt. Nach nur wenigen hundert Metern erhebt sich linker Hand die mächtige Fassade des Trierer Domes.

„Die Dame mit dem Kästchen" ist Teil des großen konstantinischen Deckengemäldes, das bei Grabungen im Dombereich entdeckt wurde. Die Deutung der dargestellten Personen ist umstritten: Handelt es sich um Symbolfiguren oder Angehörige des konstantinischen Kaiserhauses?

EROTEN UNTER DEM GEISTLICHEN MITTELPUNKT DER STADT

Den Kern des heutigen Baus bildet der so genannte Quadratbau aus spätantiker Zeit. Sowohl an der Fassade in der Windstraße als auch im Innern des Domes erkennt man römisches Mauerwerk mit seinen Stein- und Ziegellagen. Der Dom birgt bedeutende Reliquien, den so genannten Heiligen Rock – die Tunika Christi – und einen Nagel vom Kreuz Jesu. Nach mittelalterlicher Überlieferung soll die Mutter Kaiser Konstantins, die heilige Helena, ihr Haus für den Bau einer Bischofskirche zur Verfügung gestellt haben. Bei Grabungen unter der Vierung des Domes stieß man kurz nach dem Krieg auf eine Sensation: Es wurden Reste eines großen Deckengemäldes mit Männer- und Frauendarstellungen sowie Eroten aus der Zeit Kaiser Konstantins entdeckt. Im benachbarten Bischöflichen Dom- und Diözesanmuseum kann man die aus unzähligen Einzelteilen mühsam zusammengesetzte Deckenmalerei betrachten – ein unbedingt lohnenswerter Abstecher. Wie schwierig die Rekonstruktion der Deckenmalerei aus Tausenden von Fragmenten war, kann jeder im Kleinen nachempfinden, der sich an dem im Museum erhältlichen Puzzle mit nur einem Frauenbildnis versucht. Vor dem Domeingang liegt, als beliebtes Kletterobjekt für Kinder, das Fragment einer grauschwarzen Granitsäule – Überreste, jener vier ca. 12 m langen und etwa 65 t schweren Säulen, die für den Kirchenbau aus dem Odenwald herangeschafft wurden.
Den bescheidenen Beginn der mächtigen spätantiken Trierer Doppelkirchenanlage, deren Reste unter dem heutigen Dom, Liebfrauen und dem Domfreihof liegen, kann der Besucher – nach Voranmeldung und nur mit Führung – unter dem erst kürzlich eröffneten Dominformationszentrum besichtigen. Hier wurde in einem Wohnhaus ein Raum mit einer Apsis errichtet, aus dem sich dann ein dreischiffiger Bau entwickelte.

Konstantin-Basilika und Kurfürstliches Palais: Wo einst die römischen Kaiser residierten, hat heute die Aufsichts- und Dienstleistungsdirektion das Sagen.

ZU GAST BEIM KAISER

Nur wenige Meter die Liebfrauenstraße hinauf trifft der Besucher auf die so genannte Konstantin-Basilika. Diese wird seit dem 19. Jh. als evangelische Kirche genutzt. Im 4. Jh. entstand der Bau als Teil des kaiserlichen Palastes und diente als Empfangs- und Audienzhalle. Noch heute zeigt ein Blick in den Innenraum mit seiner Apsis die imposante Anlage. Wieviel prächtiger muss der Eindruck während der Nutzungszeit als Palastaula gewesen sein, als Fußböden und Wände mit farbigem Marmor und Mosaik verkleidet waren. An der Außenfassade erkennt der aufmerksame Betrachter noch Reste des antiken Verputzes. Was heute als Ziegelwand erscheint, war in der Spätantike mit einem grauweißen Verputz versehen.
Im Pflaster des Konstantinplatzes sind, mit andersfarbigen Platten gekennzeichnet, die Mauerzüge der in spätantiker Zeit die Aula umgebenden Bauten zu erkennen. Durch den Palastgarten geht es, vorbei am Rheinischen Landesmuseum mit seiner bedeutenden Sammlung römischer Altertümer aus Trier und dem Umland, zu den Kaiserthermen. Wer sich auf halbem Wege umdreht und zurückblickt, staunt über die riesigen Dimensionen der Basilika, die das im 17. Jh. an sie angebaute Kurfürstliche Palais um einiges überragt.
Für die Überreste der Kaiserthermen ist die moderne Bezeichnung eigentlich irreführend; der Bau wurde zwar als Thermenanlage geplant, in dieser Form aber nie zu Ende gebracht. Stattdessen hat man das weitläufige Gebäude nach einigen Umbaumaßnahmen wohl als Kaserne der kaiserlichen Leibgarde genutzt. Durch die Arbeit der Archäologen konnten die Heizgänge der ursprünglich geplanten Thermenanlage wieder freigelegt werden. Sie laden den Besucher heute zu einer Entdeckungsreise in den Untergrund ein. Die zum Teil wieder aufgemauerten Fensterbögen des ehemaligen Heißbades, des caldariums, geben den Blick nach Osten auf den Petrisberg frei. In dieser Rich-

Die freigelegten Gänge unter der Kaisertherme führen durch die Heizanlage des unvollendet gebliebenen Bades.

tung liegt auch das Amphitheater, das in römischer Zeit zwischen 16 und 20 000 Besucher fassen konnte.

EINMAL GLADIATOR SEIN

Im Gegensatz zu den etwa aus Rom, Verona oder Arles bekannten, in Steinbauweise errichteten Amphitheatern wurde die Trierer Kampfstätte unter Ausnutzung der natürlichen Gegebenheiten zum größeren Teil aus Erdreich aufgeschüttet. Grabungen unter dem Arenaboden erbrachten Reste einer hölzernen Bühnenmaschine, mit der Kämpfer und Kulissen überraschend in die Arena befördert werden konnten. Gelegentlich ist auch ein Nachfahr der früheren Gladiatoren in der Arena anzutreffen. Der Gladiator Valerius erzählt spannend aus seinem Leben und nimmt den Besucher mit in die dunklen Keller unter dem Arenaboden. Danach ist man froh wieder in der elliptischen Arena zu stehen und den Blick über die noch etwa 14 m hoch aufragenden Zuschauerränge schweifen zu lassen. An einem Augustwochenende jedes Jahr wird die Arena wieder von römischem Leben erfüllt. Bei dem Römerspektakel „Brot und Spiele" kämpfen Gladiatoren verschiedener Waffengattungen gegeneinander.

EIN RÄTSELHAFTER KOMPLEX

Vom Amphitheater aus führt der Weg nach Westen Richtung Mosel. Dabei kommt man erneut an den Kaiserthermen, aber auch an zwei weiteren Thermenanlagen vorbei. Auf dem Viehmarktplatz bleibt der Blick des Besuchers unweigerlich an einem großen Glaskubus hängen. Wer sich näher heranwagt und durch die Scheiben in den Untergrund blickt, erkennt verschiedene Mauerreste. Die „Thermen am Viehmarkt", die erst Ende des 20. Jh. entdeckt und ausgegraben worden sind, geben den Archäologen immer noch Rätsel auf. Welche Funktion besaß das in der ersten Hälfte des 2. Jh. errichtete monumentale Gebäude? Handelte es sich um Verwaltungs- und Versammlungsräume oder möglicherweise um eine große Bibliothek? Aufgrund fehlender Heizmöglichkeiten und des atypischen Grundrisses war dieses

Beim alljährlichen Römerspektakel „Brot und Spiele" kämpfen wieder Gladiatoren in der Arena des Amphitheaters.

Blick über die Barbarathermen. Von einer der größten Badeanlagen der römischen Welt hat sich oberirdisch nur wenig erhalten.

erste Gebäude sicher keine Thermenanlage. Erst nach verschiedenen räumlichen Umbauten und dem Einbau entsprechender Heizanlagen konnte das Gebäude seit dem späten 3. Jh. als Bad genutzt werden. Auf dem Viehmarktplatz hebt sich der römische Straßenverlauf durch rote Steine farblich von der ansonsten grauen Platzoberfläche ab. Über das Forum, von dem sich sichtbar keine Reste mehr erhalten haben, kehrt der Besucher zur Südallee zurück und folgt ihr zur Mosel.

ZWEITGRÖSSTER BADETEMPEL DER RÖMISCHEN WELT

Wer linkerhand nach kurzer Zeit die parkähnliche Ruinenlandschaft der Barbarathermen erblickt, käme nie auf den Gedanken, dass er vor den Über-

Der heute im Rheinischen Landesmuseum aufbewahrte Amazonentorso aus weißem Marmor zierte ursprünglich die Außenfassade des Kaltbadesaals der Barbarathermen.

Info

Tourist Information Trier | An der Porta Nigra
54290 Trier
tel 0651|978080 | fax 0651|9780876
info@tit.de | www.trier.de

Öffnungszeiten

Trierer Römerbauten
April bis Sept. tgl. 9–18; Okt. bis März tgl. 9–17 Uhr; Letzter Einlass jeweils 30 Minuten vor Schließung

Viehmarktthermen
tgl. (außer Mo) 9–17 Uhr

Rheinisches Landesmuseum
Mai bis Okt. Mo bis Fr 9.30–17, Sa, So, Fei 10.30–17 Uhr; Nov. bis April Di bis Fr 9.30–17, Sa, So, Fei 10.30–17 Uhr

Bischöfliches Dom- und Diözesanmuseum Trier
Mo bis Sa 9–17, So, Fei 13–17 Uhr; Nov. bis März Mo geschlossen

Dominformation Trier
April bis Okt., Dez. Mo bis Sa 9.30–17.30, So 12–17.30 Uhr; Nov., Jan. bis März Mo bis Fr 9.30–17.30 Uhr, Sa 9.30–14 Uhr, So geschlossen

resten der zu ihrer Erbauungszeit im 2. Jh. n. Chr. zweitgrößten öffentlichen Badeanlage der gesamten römischen Welt steht. Nur die Trajansthermen in Rom waren größer. Die riesige Trierer Badeanlage zeigt nicht nur die damalige Bedeutung der Stadt, sondern auch ihren Wohlstand. Bis weit ins 17. Jh. war das aufgehende Mauerwerk noch in großer Höhe erhalten, wie alte Stiche zeigen. Erst 1673 wurden die Ruinen von französischen Truppen gesprengt. Auch wenn weitgehend nur noch Mauerfundamente zu erkennen sind, lohnt sich ein Rundgang durch die nur zum Teil ausgegrabene Anlage. Auf den ersten Blick nicht sichtbar, laden die gut erhaltenen Kellergänge doch zu einem Ausflug in das römische Heiz- und Abwassersystem ein. Ein Bereich, der römischen Badegästen in der Regel verwehrt war. Diese widmeten sich stattdessen den schönen Dingen des Lebens, dem Sport und der Entspannung. Die klassische Abfolge der Bäder – Heißwasserbad/caldarium, Warmluftbad/tepidarium und Kaltwasserbad/frigidarium – lud zur körperlichen Ertüchtigung und Abhärtung ein. Reste der ehemaligen Ausstattung wie Marmorböden und -säulen sowie Mosaikreste lassen das Bild einer luxuriösen, reich geschmückten Badeanlage entstehen. Vom qualitätvollen Statuenschmuck werden einige bedeutende Teile im Rheinischen Landesmuseum aufbewahrt. Hier ist vor allem das marmorne Fragment einer Amazonenstatue zu nennen, die die Außenfassade schmückte. Die römische Kopie geht auf ein griechisches Bronzeoriginal des ausgehenden 5. Jh. v. Chr. zurück, das dem Phidias zugeschrieben wird.

Nur wenige Schritte von den Barbarathermen entfernt fließt die Mosel. Diese wird hier von der Römerbrücke überspannt. Tatsächlich verläuft die heutige Fahrbahn auf den Pfeilern der römischen Brücke aus dem 2. Jh. Diese ersetzt eine frühere Holz- sowie eine erste Steinpfeilerbrücke. Über die Römerbrücke hinweg lohnt sich ein Ausflug auf die andere Moselseite zur Mariensäule. Von hier schweift der Blick noch einmal über Trier mit seinen zahlreichen Römerbauten. Deutlich hebt sich die Palastaula von den umliegenden Gebäuden ab und verkörpert so auch heute noch die Bedeutung und Macht der römischen Kaiserresidenz Trier.

Ein Rundgang im Rheinischen Landesmuseum sollte auf jeden Fall Teil eines Trierbesuches sein, nicht nur wegen der zahlreichen, äußerst sehenswerten römischen Mosaike aus Trier und dem Umland.

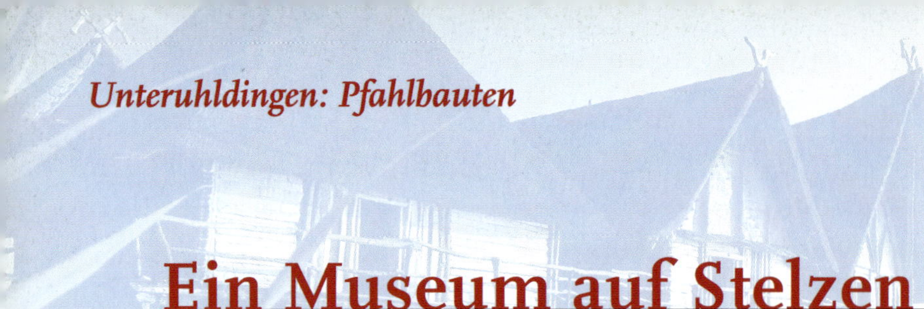

Unteruhldingen: Pfahlbauten

Ein Museum auf Stelzen

Das älteste vor- und frühgeschichtliche Freilichtmuseum Deutschlands steht in Unteruhldingen am Bodensee. Seit mehr als 80 Jahren wird hier versucht, das Leben stein- und bronzezeitlicher Uferbewohner anhand von Rekonstruktionen anschaulich zu machen. Dichte Besucherströme beweisen alljährlich, dass mit dem richtigen Konzept ein gewaltiger Wissensdurst geweckt und befriedigt werden kann.

Blickt man an Schlechtwettertagen auf die Unteruhldinger Pfahlbauten, dann drängt sich unweigerlich die Frage auf, was Menschen bewogen haben mag, so ungemütliche Wohnplätze unmittelbar am Wasser zu wählen. Bekommt man indes bei Sonnenschein die Anlage in den Blick, wirkt sie idyllisch, und man ist geneigt, die Pfahlbauer zu beneiden. Doch weiß man, ob sie schon ein Auge für die großartige Seelandschaft hatten und die von uns so romantisch empfundene Lage ihrer Siedlungen zu schätzen wussten? Mangels schriftlicher Überlieferung lässt sich über derlei Fragen nur spekulieren. Auch die Forschung ist auf Hypothesen angewiesen, wo nicht Funde, Befunde oder ethnologische Parallelen fundiertere Aussagen erlauben. Dafür, dass keine Phantasien ins Kraut schießen. sondern zwischen Hypothesen einerseits, belegten Tatsachen andererseits sorgsam unterschieden wird, sorgen in Unteruhldingen, Deutschlands ältestem vor- und frühgeschichtlichen Freilichtmuseum, drei Dutzend gut ausgebildete Führer.

In überschaubaren Gruppen werden die Besucher zunächst zum „Hornstaadhaus" geleitet. Das namengebende Dorf befand sich an der Spitze der Halbinsel Höri im Untersee und war von 3917 bis 3905 v. Chr. besiedelt. Es ist die älteste und besterforschte Ufersiedlung am See. Dort gewonnene Erkenntnisse über den Hausbau im Feuchtboden haben die Unteruhldinger Museumsleute 1996 experimentell umgesetzt. Nachdem Holz, Gras und Lehm als Baumaterialien bereitgestellt waren, errichteten drei bis vier Mitarbeiter des Pfahlbaumuseums in 20 Tagen ein mit Rohrglanzgras gedecktes Haus, das aus einem einzigen Raum besteht. Dazu muss man wissen, dass alle Arbeiten vom Fällen der Bäume bis zum Spalten der Bretter mit rekonstruierten Steinzeitwerkzeugen ausgeführt wurden. Die Wände aus Flechtwerk und Prügeln sind mit Lehm abgedichtet. Aus Prügeln besteht auch der vom Wasserspiegel abgehobene Fußboden.

Fünf von 87 Häusern einer bronzezeitlichen Siedlung am Bodensee in Unteruhldingen wurden in neuester Zeit im Rahmen eines EU-Projektes für das Museum rekonstruiert.

Eine Bucht im Naturschutzgebiet umfängt die Unteruhldinger Pfahlbauten: Das palisadenumwehrte Steinzeitdorf „Sipplingen", rechts am Ufer das Hornstaad- und das Arbonhaus, links außen das bronzezeitliche Dorf Unteruhldingen, auf der Plattform vorne die bronzezeitliche Siedlung „Bad Buchau", davor die Steinzeithäuser „Riedschachen".

Das Haus ist in Firstsäulenbauweise errichtet, seine Haltbarkeit wird im Rahmen einer archäologischen Langzeitstudie untersucht.
Im Zusammenwirken mehrerer wissenschaftlicher Disziplinen gewonnene Erkenntnisse zur Lebensweise der jungsteinzeitlichen Menschen am westlichen Bodensee werden hier außerdem live untersucht: In den Sommermonaten wird ein Mitarbeiter des Museums gelegentlich zum Steinzeitmensch „Uhldi". Seine Kleidung, an Befunden aus dem Bodenseeraum und am Vorbild von Ötzi orientiert, besteht aus einem Leinenhemd, Leggins, Hut und Schuhen aus Bast. Getreidebrei, Fisch aus dem See, Beeren, Nüsse und Honig stehen auf seinem Speisezettel.

Zu den Experimenten des Pfahlbaumuseums zählt auch das unmittelbar benachbarte Arbonhaus, jedoch hebt es sich rein äußerlich vom Hornstaadhaus durch ein flaches, schindelgedecktes Dach ab. Ein anderer Unterschied, das Baumaterial betreffend, offenbart sich erst dem fachkundigen Blick: Anscheinend stand den Menschen der Jungsteinzeit am Südufer des Sees im heutigen Kanton Thurgau nur Weißtanne als Baumaterial zur Verfügung, während in den Wäldern der Höri vor allem Eiche und Esche, aber auch weniger widerstandsfähige Hölzer wie Pappel und Erle geschlagen wurden.
Von den Rekonstruktionen des eben vergangenen Jahrzehnts wird der Besucher zum steinzeitlichen Dorf Sipplingen am Nordufer des Überlinger Sees geführt, das archäologischen Erkenntnissen der Zwanzigerjahre des 20. Jh. entspricht. Hier und am Federsee erhobene Befunde dienten 1939 bis 1941 als Vorlagen zur Rekonstruktion jungsteinzeitlicher Häuser. Die Ausrichtung der Firstlinien

Kein Spiel, sondern wissenschaftliches Experiment. Wenn „Uhldi" das Hornstaadhaus (unten) bewohnt, sorgt er auf steinzeitliche Art für seine Nahrung.

Kuppelofen und Herdstelle weisen den Vorraum im steinzeitlichen Haus des Fischers als Küche aus. Hier wurden auch Kräuter und Früchte getrocknet sowie Vorräte aufbewahrt.

längs des Ufers und der Unterbau dieser Anlage sind von Sipplingen übernommen, die Innenraumgestaltung folgt Erkenntnissen von Buchau am Federsee. Die Palisade ringsum vermittelt den Eindruck einer geschlossenen Siedlung, doch erfährt man, dass die sechs Häuser hier nur den Ausschnitt eines Dorfes repräsentieren. Feuchtbodensiedlungen der Jungsteinzeit bestanden am Bodensee aus bis zu 40 Gebäuden.

Vor allem die tägliche Arbeit der vorgeschichtlichen Menschen wird hier vorgeführt. Die Häuser sind aus didaktischen Gründen bestimmten Tätigkeiten zugeordnet, aber man muss sich vor Augen halten, dass die Menschen damals noch keine berufliche Spezialisierung kannten, vielmehr haben alle je nach Jahreszeit und Bedarf gebaut, gepflügt und gejagt, Steinwerkzeuge gefertigt, Gefäße getöpfert oder Stoffe gewebt. Vielfältige Gerätschaften und Vorrichtungen bezeugen den Erfindungsreichtum von Menschen, die noch kein Metall kannten und mit einfachen Werkstoffen wie Stein, Holz, Knochen und Ton auskommen mussten.

Das Haus des Fischers betritt man durch die als Vorraum dienende Küche mit tönernem Kuppelofen und Herdstelle. Hier wurden Kräuter und Früchte getrocknet, Vorräte aufbewahrt. Im anschließenden Hauptraum fällt der Blick auf die Bettstelle und ein darüber aufgehängtes Bärenfell, das bei entsprechender Witterung als Schutz vor Kälte und Nässe gedient haben mag. (Ob so ein schmales Lager denn für Mann und Frau ausgereicht habe, will ein Besucher wissen und muss sich entgegenhalten lassen, dass niemand weiß, ob die Menschen damals schon Familien in unserem Sinne gebildet haben.) Ein so genannter Steigbaum führt in den Stauraum unter dem Dach, wo vermutlich Viehfutter als Wintervorrat gelagert wurde. Man muss sich klarmachen, dass die Stufen dieser sehr einfachen Treppe mit dem an der Wand aufgehängten Steinbeil herausgearbeitet wurden, um eine Vorstellung vom Geschick, aber auch von der Plackerei jungsteinzeitlicher Menschen zu gewinnen. Auch Furchenstock und Hacke machen hier anschaulich, wie viel Kraft für die lebensnotwendige Bearbeitung des Bodens aufgewendet werden musste.

ERSTAUNLICHE TECHNIKEN

Auch im Haus des Töpfers gelangt man zunächst in die Küche, aber hier fehlt im Gegensatz zum Haus des Fischers die Zwischendecke, sodass die Dachkonstruktion offen zutage liegt. Man erkennt die tragende Funktion der vom Seegrund bis unter das Dach reichenden Firstsäulen, des Dachbalkens, der Sparren und der Querhölzer, die mit Rindenbast oder Weidenruten abgebunden sind. Hier erfährt der Besucher unter anderem, wie der Kopf einer Steinaxt mittels Holunderstab und Quarzsand aufgebohrt und anschließend geschäftet wurde. Angesichts dieses sinnreichen Verfahrens schwinden herablassende Gefühle von Überlegenheit gegenüber unseren steinzeitlichen Vorfahren schnell dahin. Mit einer anderen Technik und wiederum beträchtlichem Zeitaufwand wurden Stückchen aus Kalkstein mit Feuerstein durchbohrt, um Schmuckperlen zu gewinnen, die man zu kunstvollen Kolliers zusammenfügte. Das ist zumindest ein Anhaltspunkt für ästhetisches Empfinden und könnte die eingangs gestellte Frage einer Antwort näher bringen, ob die Menschen der Jungsteinzeit schon Sinn für landschaftliche Schönheit hatten.

Folgen wir unserer Führerin jetzt ins bronzezeitliche Dorf Bad Buchau, das auf einer von reichlich 400 Pfählen getragenen Plattform steht. Das passt zur Pfahlbauromantik des 19. Jh., stimmte aber schon damals mit dem Ausgrabungsbefund vom Federsee Bad Buchau nicht überein. Dass dieser 1931 fertig gestellte Dorfausschnitt 1976 einem Brand zum Opfer fiel, hätten die Menschen der Frühzeit vielleicht als Strafe dunkler Mächte angesehen, die Museumsleitung dachte wissenschaftlich und entschied sich für die Wiederherstellung dieser Rekonstruktion, die längst selbst zum Denkmal geworden ist.

Welchen Entwicklungssprung der Übergang in die Bronzezeit für den Menschen bedeutet hat, machen hier vielerlei Gerätschaften augenfällig. Was für ein Formenreichtum war möglich geworden, nachdem der Bronzeguss entwickelt und in verschiedene Techniken ausdifferenziert war! Schwerter, Beile, Sicheln und Spitzen für Lanzen und Pfeile, auch Schmuckstücke konnten jetzt gefertigt werden. Dass die Arbeit des Bronzegießers mühsam war, wird in seiner Werkstatt allein durch die Esse am Boden und die ungünstigen Lichtverhältnisse deutlich, aber Hammer, Amboss und Blasebalg zeigen, wie weit sein Erfindungsreichtum den Menschen vorangebracht hatte. Das beweist auch der Lochplattenofen vor dem Haus des Töpfers, ein Fortschritt gegenüber dem bis dahin üblichen Feldbrand. Mit geometrischen Mustern verziertes Geschirr und schwarz-weiß gemusterte Feinkeramik sind Resultate dieser weiterentwickelten Töpfertechnik.

Kunstvoll nachgebaute Tiere wie das Torfrind bahnen im jüngsten Teil des Pfahlbaumuseums Kindern den Weg zu Fragen der Vor- und Frühgeschichte.

Am archäologischen Befund orientiert, versucht diese nachempfundene Szene im „Kulthaus" des Dorfes „Unteruhldingen", dem Besucher religiöse Vorstellungen der Bronzezeit näher zu bringen.

Den Höhepunkt und Abschluss der Museumsführung bildet das 2002 im Rahmen eines Projekts der Europäischen Union vollendete bronzezeitliche Dorf Unteruhldingen. Hier werden wir um 3000 Jahre zurückversetzt – und bekommen höchst eindrucksvoll die Weiterentwicklung der Museumsdidaktik demonstriert. Mit lebensgroßen Figuren überaus kunstfertiger Modellbauer sind hier Mensch und Tier zu täuschend echten Bildern jener fernen Zeit gefügt. Besser lässt sich den interessierten Laien, die alljährlich zu Hunderttausenden ins Überlinger Freilichtmuseum kommen, Bronzezeit kaum vermitteln! Dies gilt umso mehr, als die Konzeption sich bis ins Detail an archäologische Befunde hält. Auch mit dem Argument, dass Bilder, die sich einmal eingenistet haben, schwerer revidierbar sind, als schriftlich formulierte Erkenntnisse, hat man sich bei dieser jüngsten Museumserweiterung auseinander gesetzt. Der Besucher wird deshalb – nicht nur von der Führerin – immer wieder ermuntert, das Dargestellte als Möglichkeit zu betrachten, zu der Alternativen denkbar sind.

Bei aller Sorge um wissenschaftliche Zuverlässigkeit der Darstellung wird aber auch die Faszination bewusst hingenommen, die von szenischen Darstellungen ausgeht. Erklärt die Führerin beispielsweise, dass die Physiognomie eines Siebenjährigen anhand eines spätbronzezeitlichen Schädelfundes im Zusammenwirken von Anthropologen, Radiologen und Kriminologen rekonstruiert worden ist, schwinden die letzten Zweifel, und man überlässt sich gerne dieser Faszination. Nicht weniger interessant als menschliche Gesichter sind insbesondere für Kinder die nachgebildeten Tiere, ein Torfrind zum Beispiel und das in allen wichtigen Details einem sibirischen Tarpan nachempfundene Pferd. Mit Verständnis reagieren die jungen Besucher, wenn sie auf einen Knaben hingewiesen werden, der sich versteckt unter eine Ziege gekauert hat, um ohne Umweg direkt aus dem Euter an ihre Milch zu kommen. Mancher kennt vielleicht Bilder des bronzezeitlichen Rads aus der Wasserburg Buchau. Hier nun ist zu sehen, wie der zugehörige Wagen vermutlich ausgesehen hat, und man „erlebt" den bis auf das Schwarze unter dem Fingernagel täuschend lebensechten Wagner bei Radwechsel und Reparatur.

Annäherung an bronzezeitliche Jenseitsvorstellungen

Abbildungen auf Bronzeblech, Tongefäßen oder Felswänden lassen auf festliche oder rituelle Zeremonien schließen. Im Kulthaus des bronzezeitlichen Dorfes Unteruhldingen wird der Versuch unternommen, sich bronzezeitlichem Jenseitsglauben szenisch zu nähern: Den Blicken durch Gesichtsmaske und Tüchern entzogen, ruht ein Verstorbener auf einem Prunkwagen. In zeitloser Geste, die Hände vor das Gesicht geschlagen, steht ein Mann daneben, von Trauer überwältigt. Drei Gestalten im Hintergrund tragen kultische Gewänder, mimisch und gestisch scheinen sie das Bedrohliche abzuwehren, das mit dem Tod über die Gemeinschaft hereingebrochen ist.

Am Ende der dreiviertelstündigen Führung auf Holzstegen über dem Seespiegel sollte man sich vergegenwärtigen, dass dieses genau 82 Jahre alte Museum eng mit der Geschichte der Pfahlbauforschung verwoben ist, die zuweilen in die Irre ging. Würden zum Beispiel die Steinzeithäuser Riedschachen, mit denen 1922 alles begann, heute

Das Pfahlbaumuseum ist seit seiner Gründung Publikumsmagnet.

rekonstruiert, sie sähen anders aus. Als Dokumente der Forschungs- und Museumsgeschichte behalten sie dennoch ihren Wert. Die methodischen Fortschritte der Archäologie, der enorme Erkenntnisgewinn in 150 Jahren Pfahlbauforschung und die im 20. Jh. verbesserte Museumsdidaktik, lassen sich nach der Führung in den Museumsgebäuden mühelos studieren. Man muss nur vom alten Ausstellungsraum mit seinen zahllos in Vitrinen aufgereihten Objekten ins Untergeschoss des Neubaus gehen, wo zwei computergesteuerte Puppen in einem Aquarium mit 23 m^3 Wasserinhalt die Arbeit von Unterwasserarchäologen demonstrieren.

Bei aller Kompetenz und Liebe zum Thema können die Museumsführer in einer Dreiviertelstunde längst nicht alle Zusammenhänge und Einzelheiten des Pfahlbaumuseums ansprechen. Wer mag, kann deshalb die Pfahlbauten noch auf eigene Faust erkunden. Fragen, die sich dabei ergeben, beantwortet der ausgezeichnete Museumsführer, der nebst Pfahlbausouvenirs und weiterer Literatur an der Museumskasse erhältlich ist.

Info

Pfahlbaumuseum Unteruhldingen
Strandpromenade 6 | 88690 Uhldingen-Mühlhofen
tel 07556|8543 | fax 07556|5886
info@pfahlbauten.de | www.pfahlbauten.de

Öffnungszeiten

April bis Sept. tgl. 8–18 Uhr; Okt. 9–17 Uhr;
Nov. und März an Wochenenden 9–17 Uhr

Führungen

- **Der Besuch der Pfahlbauten ist mit einem geführten Rundgang verbunden. Er dauert rund 45 Minuten und beginnt im neuen Ausstellungsgebäude.**
- **Von Dez. bis März gibt es werktags (außer Sa) je 1 Führung am Vor- und Nachmittag (um 11 und 14.30 Uhr). Bitte an der Pforte klingeln!**
- **Gruppenführungen (ab 15 Personen) sind werktags gegen Voranmeldung jederzeit möglich.**

Anreise

- **Aus Richtung Stuttgart–Singen: Über die A81 und B31.**
- **Aus Richtung München/Ulm/Friedrichshafen: Über die B31/B30.**
- **Aus der Schweiz: Über Schaffhausen oder die Bodenseefähren.**
  Man verlässt die B31 in Uhldingen-Mühlhofen und erreicht in Unteruhldingen den Ortsrandparkplatz. Von dort 10 Min. Fußweg zum Museum. Es besteht auch ein Pendelverkehr.

Computergesteuerte Puppen im 1996 eröffneten Museumsneubau machen anschaulich, wie Archäologen unter Wasser arbeiten.

Germanische Trutzburg

Schon längst kein Geheimtipp mehr ist das Archäologische Freilichtmuseum Funkenburg im kleinen thüringischen Dorf Westgreußen. Basierend auf Ausgrabungsergebnissen der 1970er-Jahre wurden hier Wohn- und Arbeitshäuser, Speicherbauten, Backöfen sowie Befestigungsanlagen einer germanischen Wehrsiedlung rekonstruiert. Lassen Sie sich bei einem Rundgang durch die Anlage 2000 Jahre zurück in die Vergangenheit versetzen.

Die ersten Funde aus der auf einem Bergsporn um 200 v. Chr. errichteten Höhensiedlung wurden vor etwa 30 Jahren entdeckt. Bauern stießen beim Pflügen auf Keramikscherben und Tierknochen. Im Verlauf der Ausgrabungen fand man dann unzählige Spuren einer befestigten Germanensiedlung, teils wenige Zentimeter, teils mehrere Meter tief unter der Erde. Anhand der im hellen Lösslehm gut sichtbaren dunklen Verfärbungen mächtiger Holzpfähle konnte das Bild der Anlage fast lückenlos rekonstruiert werden.

So lagen innerhalb der Umfriedung etwa 50 Gebäude und Hunderte von Gruben zur Lehmentnahme oder Vorratshaltung, auch überdachte Öfen und Feuerstellen konnten nachgewiesen werden. Grubenhäuser mit verschiedenen Pfostenkonstruktionen, erhöht liegende Speicherbauten und Langhäuser waren in zwei Jahrhunderten während verschiedenen Siedlungsphasen gebaut und genutzt wurden. Gefäßfragmente aus Keramik, Knochen-, Stein- und Metallgeräte sowie Essensreste erlaubten eine genauere zeitliche Zuordnung.

GESCHÜTZT DURCH IMPOSANTE WEHRANLAGE

Ein Teil der Anlage wurde von 1992 bis 1999 auf einer 2,5 ha großen Fläche rekonstruiert. Dabei benutzte man nur Materialien, die auch in vorgeschichtlicher Zeit zur Verfügung standen, wie Eichenholz aus der waldreichen Umgebung und Weidenruten von den Helbeläufen. Steigt man die kleine Anhöhe, von der Straße kommend, empor, blickt man auf eine trutzige Verteidigungsanlage, die sicher auf Eindringlinge ähnlich imposant und uneinnehmbar gewirkt hat wie auf den

Eingebunden in die Palisadenfront der Hauptburg ist der hohe Wehrturm. Seine genaue Position konnte im Befund anhand der außergewöhnlich großen Pfostenlöcher nachgewiesen werden.

Palisaden, Wehrgang und Tor mit Zugang zur Hauptburg wurden aus Eichenholz nachempfunden. Im Vordergrund überdachte Backöfen aus lehmüberzogenen Rutengeflechten.

heutigen Besucher. Ein großer Graben, dahinter die Wallanlage und darauf die Holzpalisaden zeigen deutlich die Wehrhaftigkeit der einst hier lebenden Germanen. Mächtige, oben angespitze Pfähle umschließen lückenlos die gesamte Hauptburg. Um hineinzugelangen, bleibt nur der Weg durch den mit einer schweren Tür aus Holzpfählen verschlossenen Vorhof. Der Torturm, von dem aus man eine sehr gute Sicht nach allen Seiten hat, schließt den Vorhof zur Burg hin ab.

Vom Turm am inneren Palisadenring war jeder Ankömmling gut zu sehen. Heutige Besucher genießen vor allem den weiten Blick übers Helbetal.

GENIALE HAUSKONSTRUKTEURE

Im Zentrum der Burganlage steht das Pfostenhaus, einst Sitz des Germanen-Häuptlings. Hier sowie auf dem großen vorgelagerten Platz wurden Volksversammlungen und Beratungen abgehalten. Vermutlich hat man hier auch kultische Handlungen durchgeführt. Die mit unterschiedlichen Pfostenkonstruktionen erbauten Grubenhäuser geben Einblick in das tägliche Leben der Familien. Ein Haus bot ungefähr acht bis zehn Menschen Platz. Von entscheidender Bedeutung war die richtige Lagerung und Aufbewahrung von Vorräten, be-

Durchdachte germanische Konstruktion: Mit ausreichendem Luftaustausch und Trockenheit ermöglichte der auf Stelzen gebaute Speicher durch den erhöht liegenden Boden die Vorratshaltung und hielt unliebsame Nagetiere fern.

Über den Hohlweg an der Südseite führt der Weg hinauf in die Germanensiedlung am Bergsporn.

sonders Lebensmitteln. Im Funkenburgareal ist ein auf Stelzen stehender Speicher rekonstruiert. In solchen Bauten wurde vor allem Getreide gelagert. Die Konstruktion ist einfach, aber genial: Luftdurchlässige Flechtwände sorgten dafür, dass die Vorräte trocken blieben, und die erhöhte Lage schützte vor Nagetieren. Im ebenfalls wieder aufgebauten Grubenspeicher konnten Lebensmittel kühl gelagert werden und zwar durchaus so, wie wir es von unseren heutigen Kühlschränken gewohnt sind.

Vor das Vergnügen haben die Götter den Schweiß gesetzt: Hier erleben zwei junge Besucherinnen, wie mühsam das Schroten des Korns war.

Nahrhaft und gut: Dinkelsuppe aus großen Kesseln für Akteure und Besucher.

Als Vorbild bei heutiger Dachgestaltung könnte das Grassodenhaus fungieren. Es ist mit Rasenstücken gedeckt, die sich selbst regenerieren und absolut wasserundurchlässig sind. Auch die Wärmedämmung ist entsprechend der Jahreszeit günstig.

Die Germanen kommen!

Am dritten Augustwochenende verschmelzen beim alljährlichen Funkenburgfest die Kulturen. Aus weiten Teilen Deutschlands kommen Mitglieder des Funkenburgvereins in aufwändig nachempfundenen Gewändern nach Westgreußen. Hermunduren, Langobarden, Kelten und viele andere geben Einblicke in historische Tätigkeiten, vom Töpfern über Brettchenweben, Kochen, Backen, Bogenschießen bis zur Holz- und Metallbearbeitung. Besonders beliebt sind die Schaukämpfe, bei denen glücklicherweise heute keiner mehr zu Schaden kommt.

Zum alljährlich stattfindenden Funkenburgfest am dritten Augustwochenende kommen die Germanenkrieger wieder nach Thüringen.

Bei den Aktionstagen können die Besucher auch germanischen Handwerkern über die Schulter schauen. Hier werden Gürtelschnallen punziert.

Info

Freilichtanlage Funkenburg | 99718 Westgreußen
tel | fax 03636 | 704616
info@funkenburg-westgreussen.de
www.funkenburg-westgreussen.de

Öffnungszeiten

ganzjährig Mo bis Fr 9–17 Uhr; von April bis Okt. auch Sa, So 10–17 Uhr

Anreise

Westgreußen liegt etwa 35 km nördlich von Erfurt in der landschaftlich reizvollen Hügellandschaft um den Kyffhäuser. Anfahrt über die B4 Abzweigungen Greußen.

Lebendige Einblicke in den Alltag der germanischen Bewohner geben die vielen museumspädagogischen Angebote. Neben dem Arbeiten mit Ton kann etwa das Knüpfen von Fischernetzen und Spinnen mit einer Handspindel probiert werden. Auch Bogenschießen, Brettchenweben und Backen im Lehmofen stehen auf dem Programm. Eine nachgebaute keltische Drehmühle lässt die Mühen beim Zerschroten von Getreidekörnern für Brei und Fladenbrot nachempfinden. Auf einem Teil des Geländes werden prähistorische Wildkräuter, Getreide und Feldfrüchte, vom Einkorn über Emmer, Dinkel bis zur Hirse und Ackerbohne versuchsweise angebaut.

ANFANG UND ENDE IM DUNKELN

Der geschützte Platz oberhalb der sumpfigen Niederung muss auch vor und nach Existenz der Siedlung bedeutsam gewesen sein. Dies belegen hier entdeckte Gräber aus der Bronze- und Völkerwanderungszeit. Berührungspunkte zwischen den im mitteldeutschen Raum um die Zeitenwende ansässigen Siedlungsgruppen zum keltischen und römischen Kulturkreis liegen nahe. Unklar ist, was vor über 2000 Jahren zur Besiedlung führte und warum diese nach über zwei Jahrhunderten wieder aufgegeben wurde. Spuren kriegerischer Auseinandersetzungen gibt es nicht. Auch Hinweise auf eine spätere Bebauung des Bergsporns fehlen.

Roms Abbild in der Fremde

Colonia Ulpia Traiana – um 100 n. Chr. verlieh der römische Kaiser Trajan einer Siedlung am Niederrhein römisches Stadtrecht und seinen Namen. Große öffentliche Bauten entstanden: Stadtmauer, Tempel, Thermen, ein Amphitheater. Nach dem Abzug der Römer verfiel die Siedlung, doch blieb sie die einzige große Römerstadt nördlich der Alpen, die nicht überbaut wurde. Ihr Grundriss hat sich bis heute unter Äckern und Wiesen erhalten. Mit der Eröffnung des Archäologischen Parks 1977 wurde die Erhaltung dieses einmaligen Kulturdenkmals gesichert.

Der Besucher des APX betritt den Park wie der antike Händler durch das Hafentor von der römischen Mole her. Die Schiffe legten seinerzeit direkt an der Ostseite der Colonia an, heute ist das Gebiet verlandet. Umgeben war die Stadt von einer 3,4 km langen Stadtmauer, auf deren rekonstruiertem Südwestabschnitt der Besucher einige der ehemals 22 Türme besteigen und auf dem Wehrgang entlanggehen kann.

Bereits vom Hafen aus erblickt man die imposante Erscheinung eines teilrekonstruierten Ringhallentempels aus der ersten Hälfte des 2. Jh. Dieser so genannte Hafentempel – den Gott, dem er geweiht war, kennen wir nicht – dient gleichzeitig als Schutzbau für den Originalbefund. Betritt man von der Rückseite her das Innere des Podiums, so blickt man auf das etwa 2 m stark erhaltene Fundament, welches als durchgehendes massives

Der Hafentempel war nach dem Kapitolstempel der zweitgrößte der Stadt. Welcher Gottheit er geweiht war, ist noch nicht bekannt.

Das Caldarium der Herbergsthermen mit dem Heißwasserbecken.

Die Herberge am Hafentor mit dem anschließenden kleinen Badehaus wurde als zweigeschossiges Bauwerk rekonstruiert. Die Thermenanlage ist voll funktionsfähig.

Bauwerk auf Eichenpfählen gebaut wurde. Der Grund für diese ungewöhnlich aufwändige Fundamentierung ist der weiche Boden in der unmittelbaren Nähe des Hafens.

GASTHAUS MIT VOLL FUNKTIONSFÄHIGER THERMENANLAGE

Nur wenige Schritte vom Hafentempel entfernt liegt die römische Herberge. Hier kann man nicht nur möblierte und voll ausgestattete Räume, eine römische Küche, einen Keller, ein Lararium u.v.m. sehen, sondern auch römische Speisen nach Originalrezepten genießen. Welche vielfältigen Gewürze in der römischen Küche zum Einsatz kamen, kann der Besucher im Kräutergarten erkunden, der sich hinter dem Gebäude befindet. Eine besondere Attraktion des APX sind die zur Herberge gehörigen Thermen, denn sie sind voll funktionsfähig rekonstruiert worden. Vom Frühsommer bis in den Herbst ist die Anlage fast durchgehend beheizt. So kann man die Temperaturwechsel vom Frigidarium über das Tepidarium bis zum Caldarium mit dem Heißwasserbecken am eigenen Leib spüren. Allerdings – der Sprung in die Badebecken ist nicht gestattet, dennoch gehört die Besichtigung der Thermen zweifellos zu den eindringlichsten Erlebnissen im APX.

ZEUGNISSE RÖMISCHER STADTARCHITEKTUR

Im mächtigen teilrekonstruierten Amphitheater bekommt der Besucher einen Eindruck von den Ausmaßen und der Konstruktionsweise solcher Bauwerke. In den Sommermonaten finden hier häufig Veranstaltungen statt, wie zuletzt die Gladiatorenkämpfe anlässlich des Festivals „Schwerter, Brot und Spiele". Auf dem rechtwinklig an-

Das Nordtor wurde als repräsentatives, dreigeschossiges Stadttor mit zwei Durchfahrten wiedererrichtet.

Blick in den Innenhof der römischen Herberge mit Thermenanlage.

Die Fundamente der Großen Thermen wurden als Originalbefund konserviert und mit einem Schutzbau überbaut. Im Innern zeigen Stahlkonstruktionen die römischen Raumstrukturen an.

gelegten Straßensystem gelangt man dann zum Spielehaus. Hier wird nicht nur römische Spielkultur vermittelt, es können auch eine Vielzahl aus der römischen Antike bekannte Spiele auf eigens eingerichteten Spieltischen gespielt werden. Das Spektrum reicht vom ludus latrunculorum (eine Art Damespiel) über ludus XII scriptorum (ein Vorläufer des Backgammon) bis hin zu Geschicklichkeitsspielen. Zu den zentralen Bauwerken in der Colonia Ulpia Traiana gehören das Kapitol, der Haupttempel der Stadt, und das Forum. Beide Großbauten nahmen jeweils eine ganze Insula ein. Fundamentreste des einstmals 30 m × 40 m großen Kapitoltempels sind in seiner Nordost-Ecke noch sichtbar. Eine ähnliche Monumentalität besaß das Forum, das im Osten mit einer fast die gesamte Insulabreite einnehmenden Basilika

Kopffragment von einem Relief aus dem Bereich des Hafentempels.

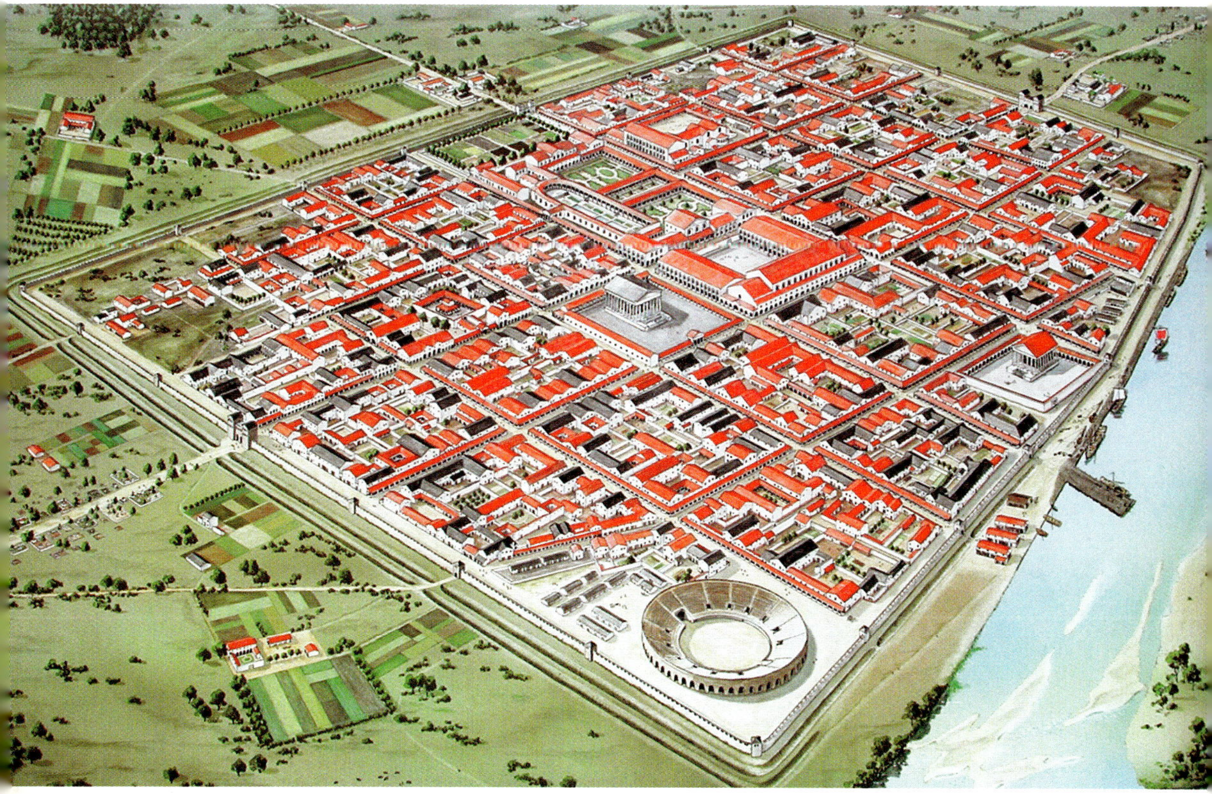

Rekonstruktionszeichnung der Colonia Ulpia Traiana. Als ein Stück „Rom in der Fremde" ahmte sie die Hauptstadt in ihrem Aussehen nach.

abschloss. Mit solchen Großbauten, zu denen neben den letztgenannten auch die Stadtmauer und Stadtmauertore gehören, manifestierte die Colonia Ulpia Traiana ihr Selbstverständnis und ihren Anspruch als „Abbild" Roms in einer entlegenen Provinz am Grenzgebiet. Das Nordtor der Stadt, das so genannte Burginatiumtor, ist als mehrgeschossige Doppeltoranlage rekonstruiert. Von der obersten Plattform hat man einen weiten Ausblick über den Archäologischen Park bis hin zum Fürstenberg, auf dem sich das früheste Militärlager Vetera I befand. Neben den genannten Gebäuderekonstruktionen gibt es eine Vielzahl kleinerer Nachbauten, wie etwa Wasserleitungen, Brunnen, Backöfen oder Mühlen. Gemeinsam mit den übersichtlichen Beschriftungstafeln geben sie einen guten Einblick in Struktur und Lebensweise in einer römischen Stadt.

THERMEN UNTER GLAS UND STAHL

Das Areal der CUT ist heute von der B57 durchschnitten, der Archäologische Park liegt östlich dieser Straße. Auf der Westseite befinden sich die ehemals reich ausgestatteten Großen Thermen. Ein großer Stahl- und Glasbau schützt heute die im Boden erhaltenen Reste. Die Konstruktion lässt die Raumdimension der antiken Thermen erahnen.

FUNDE AUS DEM MILITÄR- UND ZIVILLEBEN

Der Archäologische Park vermittelt eine Vorstellung von der Größe und vom Erscheinungsbild einer römischen Stadt in den Nordwestprovinzen. Im Regionalmuseum Xanten, das im Herzen der modernen Stadt unmittelbar neben den Türmen des Doms liegt, wird dieses Bild vervollständigt und erweitert. Grab- und Weihesteine von Soldaten, etliche Legionärshelme, Schwerter, Dolche und zahlreiche weitere Ausrüstungsgegenstände belegen, dass das römische Militär in Xanten eine besonders wichtige Rolle spielte. Das am südlichen Stadtrand auf dem Fürstenberg gelegene Legionslager Vetera I beherbergte zeitweise rund 11 000 Soldaten und war damit die größte Anlage dieser Art in der römischen Welt. Großbauten des Lagers wie die Kommandantur (principia) und das Lazarett (valetudinarium) sind im Museum als Modelle zu sehen. Von besonderer Bedeutung ist der Grabstein des centurio M. Caelius (Abguss, Original im Rheinischen Landesmuseum Bonn): Er überliefert die einzige inschriftliche Nachricht

Schmucksteine aus Halbedelstein oder Glas, so genannte Gemmen, kamen mit den Soldaten an den Rhein. Dieses Stück zeigt einen Weintrauben pflückenden Satyr.

Alle zwei Jahre wird die Römerwelt im Rahmen des Festivals „Schwerter, Brot und Spiele“ wieder lebendig.

der Schlacht im Teutoburger Wald 9 n. Chr. Werkzeuge und landwirtschaftliches Gerät, das Modell eines Ziegelofens und darin gefertigte Ziegel mit den Stempeln der in Xanten stationierten Legionen bezeugen die nicht militärischen Tätigkeiten der Soldaten.

Breiten Raum in der Präsentation nehmen Fundstücke ein, die das zivile Alltagsleben in römischer Zeit dokumentieren. Sie reichen von der kleinen Öllampe aus Ton bis zum 2 m hohen und über 1200 Liter fassenden Weinfass aus Tannenholz. Die Arbeitswelt wird durch Funde aus Töpfereien sowie Bronze- und Beinschnitzerwerkstätten veranschaulicht. Ess- und Trinkgeschirr, Schmuck, Glas, Möbel- und Gerätbeschläge aus Bronze gruppieren sich um das Modell eines vornehmen Wohnhauses der Colonia Ulpia Traiana. Zwei farbig gefasste, in Originalgröße aufgerichtete Wände geben einen Eindruck vom Erscheinungsbild eines Innenraums. Davor aufgestellt ist der „Lüttinger Knabe“ (Kopie, Original im Pergamonmuseum, Berlin). Diese lebensgroße Bronzestatue, die einen Tablett tragenden Diener darstellt, wurde 1858 aus dem Rhein gefischt. Zu den schönsten Funden aus der römischen Stadt zählt sicherlich die Statuette einer sandalenlösenden Venus. Sie stammt aus der Mitte des 2. Jh. n. Chr. und wurde aus Italien an den Niederrhein importiert.

Info

Archäologischer Park/Regionalmuseum Xanten
Verwaltung | Trajanstraße 4 | 46509 Xanten
tel 02801|7120 | fax 02801|712149
apx@lvr.de | www.apx.de

Öffnungszeiten

Archäologischer Park und Große Thermen: März bis Nov. tgl. 9–18 Uhr; Dez. bis Feb. tgl. 10–16 Uhr
Regionalmuseum: Di bis Fr 9–17; Okt. bis April 10–17 Uhr; Sa, So, Fei 11 bis 18 Uhr

Führungen

gegen Gebühr

Besondere Angebote

- Alle zwei Jahre Veranstaltung „Schwerter, Brot und Spiele": Über 300 Darsteller lassen die Römerzeit wieder lebendig werden.
- Veranstaltungen im Amphitheater wie Xantener Sommerfestspiele, Ballett, Oper, Kino, Rock- und Popkonzerte.
- von Mai bis September Römische Sonntage.

Xanten zählt zu den vier wichtigsten Gemmenfundorten im Römischen Reich. Von den rund 300 dieser gravierten Schmucksteine aus Halbedelstein oder Glas, die im Besitz des Museums sind, ist eine Auswahl zu sehen.

RÖMISCHE FUSSABDRÜCKE UND FRÄNKISCHE GRÄBER

Im hinteren Teil des Erdgeschosses liegt der „Tatort CUT": Hier sieht man unter anderem Überreste des kleinsten Hundes der römischen Welt. Besonders eindrucksvoll ist die annähernd 30 m² große Abformung eines Laufhorizonts vom Ende des 1. Jh. n. Chr.: Abdrücke von nackten Füßen, benagelten Schuhsohlen, Tierhufen und Karrenspuren im lehmigen Boden führen den Besucher ganz nah an die antike Lebenswirklichkeit.
Das gesamte Kellergeschoss des Museums stellt die „Geschichte aus dem Kies" vor. Seit Anfang der Achtzigerjahre werden aus der Auskiesung Xanten-Wardt insbesondere römerzeitliche Funde geborgen. Unter den knapp ein Dutzend dort gefundenen frühkaiserzeitlichen Helmen ragt ein Exemplar mit Rosshaarüberzug besonders heraus.

Blick über die Sitzreihen des teilrekonstruierten Amphitheaters zum Xantener Dom.

Auch zahlreiche Speerspitzen, Schwertklingen, Schwertscheidenreste und Teile von Wurflanzen (pila) kamen hier zum Vorschein.
Nach dem Untergang des Römischen Reiches übernahmen die Franken die Herrschaft am Niederrhein. Ihre Anwesenheit dokumentiert sich insbesondere in den reichen, im Museum ausgestellten Beigaben aus ihren Gräbern, die im 6. und 7. Jh. im Bereich des heutigen Doms angelegt worden waren. Herausragend sind dabei mit Halbedelsteinen verzierte Scheibenfibeln, silbertauschierte Gürtelbeschläge und andere Schmuckstücke.

Weitere lohnenswerte archäologische Stätten, Museen und Rundwanderwege

Altenburg, Kreis Waldshut, Baden-Württemberg
Keltisches Oppidum in einer Flussschlinge des Rheins. Die einstige Pfostenschlitzmauer des rückwärtigen Walls wurde auf 20 m Länge wiederhergestellt.

Aschaffenburg, Bayern
Pompejanum. Römische Kunst und Wohnkultur in einer „pompejanischen" Villa des Klassizismus.

Bad Ems, Rhein-Lahn-Kreis, Rheinland-Pfalz
Rekonstruktion eines steinernen Limeswachtturms. 1874 von Bürgern der Stadt Ems errichtet, hier hängt eine Tafel mit lateinischer Widmung zu Ehren des Deutschen Kaisers Wilhelm I., der sich seit 1867 regelmäßig zur Kur in der Stadt aufhielt.

Bad Münstereifel-Iversheim, Kreis Euskirchen, Nordrhein-Westfalen
Römische Kalkbrennerei mit sechs Öfen. Für Brennversuche wurde einer davon teilrekonstruiert und mit einem Schutzbau versehen.

Bad Neuenahr-Ahrweiler, Rheinland-Pfalz
Römische Villa mit reicher Innenausstattung. Das Mauerwerk des 1000 m^2 großen Herrenhauses ist noch bis zur Fensterhöhe erhalten und die farbigen Verputze sind mitsamt figuraler und floraler Motive noch an vielen Stellen im Original zu bewundern.

Bundenbach, Kreis Birkenfeld, Rheinland-Pfalz
Keltensiedlung aus dem 3. bis 1. Jh. v. Chr. in Spornlage über dem Hahnenbachtal. Freilichtmuseum mit der Rekonstruktion von zehn Lehmfachwerkhäusern und der rückwärtigen Palisade.

Greven-Pentrup, Kreis Steinfurt, Nordrhein-Westfalen
Rekonstruktion eines Sachsengehöfts aus dem 6. bis 8. Jh. Das Freilichtmuseum umfasst Haupthaus, Grubenhaus und mehrere Wirtschaftsgebäude, dazu einen großen Garten mit Kräutern und Färbepflanzen sowie einen Acker mit alten Getreidearten und Flachs.

Haltern, Kreis Recklinghausen, Nordrhein-Westfalen
Wiederhergestellte Umwehrungsanlagen eines römischen „Feldlagers" aus der Zeit der Germanenfeldzüge unter Augustus. Im zugehörigen Museum sind nahezu alle Funde aus den Römerlagern an der Lippe zu sehen.

Herrsching am Ammersee, Kreis Starnberg, Bayern

Rekonstruktion eines dort ergrabenen merowingischen Sakralbaus aus dem 7. Jh. Im Innern befindet sich ein kleines Museum mit einem Modell der ehemaligen Holzkirche und Nachbildung eines Waffensatzes aus einem Grab eines benachbarten frühmittelalterlichen Friedhofs.

Kempfeld, Kreis Birkenfeld, Rheinland-Pfalz

Rundweg zu keltischen, römischen und mittelalterlichen Ruinen auf der Wildenburg. Hier befand sich in der Latènezeit eine wichtige keltische Fliehburg mit doppelter Ringwallanlage.

Kussow, Stadt Grevesmühlen, Mecklenburg-Vorpommern

„Steinzeitdorf" mit Haus- und Umweltrekonstruktionen der Jungsteinzeit in Originalgröße. Drei Häuser nach Befunden aus „Flögeln", „Wittenwater" und „Dohnsen" sowie ein kleiner Lehmbackofen. Verschiedene museumspädagogische Angebote wie Weben, Töpfern, Bogenschießen oder Speerschleudern.

Oldenburg in Holstein, Schleswig-Holstein

Auf einer künstlich geschaffenen Insel stehen Teilrekonstruktionen einer slawischen Siedlung. Mit lebensgroßen Figuren nachgestellte Szenen im Inneren der Häuser illustrieren den Alltag vor etwa 1000 Jahren. Im „Großen Wallsee" liegt die Rekonstruktion der „Starigard", eines slawischen Handelsschiffes aus dem 1. Jt. n. Chr.

Passentin, Kreis Mecklenburg-Strelitz, Mecklenburg-Vorpommern

Mittelalterliche Dorfanlage als Lehr- und Erlebnisort für Kinder- und Jugendarbeit sowie den Tourismus.

Tawern, Kreis Trier-Saarburg, Rheinland-Pfalz

Römischer Tempelbezirk mit sieben unterschiedlich großen Kultbauten.

Torgelow, Kreis Uecker-Randow, Mecklenburg-Vorpommern

Freilichtmuseum „Ukranenland" am Stettiner Haff. Block-, Bohlen- und Flechtwandhäuser aus einer im 9. und 10. Jh. vom nordwestslawischen Stamm der Ukranen bewohnten Siedlung.

Zethlingen, Altmarkkreis Salzwedel, Sachsen-Anhalt

Freilichtmuseum „Langobardenwerkstatt Zethlingen" mit kaiserzeitlichen Hausrekonstruktionen. Zahlreiche Aktionstage.

Autorenverzeichnis

Karen Allihn Journalistin, Frankfurt/Main

Karl Banghard Museumsleiter Archäologisches Freilichtmuseum Oerlinghausen

Dr. Ralf Baumeister Federseemuseum Bad Buchau

Dr. Harriet Bönisch Slawenburg Raddusch

Gerhard Bund Wissenschaftlicher Mitarbeiter Fränkisches Freilichtmuseum, Bad Windsheim

Peter Buwen Stiftung Europäischer Kulturpark Bliesbruck-Reinheim

Michael M.C. Dapper M. A. Leiter Freilichtmuseum Tilleda

Heidrun Derks Museumsleiterin Varusschlacht im Osnabrücker Land, Museum und Park Kalkriese, Bramsche

PD Dr. habil. Sigrid Dušek Landesarchäologin a. D., Thüringen

Heinz K. Gans Journalist, Stuttgart

Klaus Goldmann Förderkreis Museumsdorf Düppel, Berlin

Holger Grewe M. A. Kaiserpfalz Ingelheim

Sven Gustavs Vorsitzender Verein Freilichtmuseum Germanische Siedlung Klein Köris e.V., Potsdam

Sabine Hagmann M. A. Museumsleiterin Heuneburg, Herbertingen-Hundersingen

Adelheid Hanke Landesdenkmalamt Baden-Württemberg, Esslingen

Wulf Hein Friedberg

Petra Hellner Journalistin Thüringer Allgemeine

Prof. Dr. Heinz Günter Horn Ministerium für Städtebau und Wohnen, Kultur und Sport NRW, Düsseldorf

Hauke Jöns Archäologisches Landesmuseum, Schloss Wiligrad, Lübstorf

Dr. Klaus Kell Römermuseum Homburg-Schwarzenacker

Dipl.-Prähist. Rüdiger Kelm Projektleitung AÖZA, Albersdorf

Dr. Martin Kemkes Archäologisches Landesmuseum Baden-Württemberg, Rastatt

Dr. Stefan Krabath Gebietsreferent Oberlausitz am Landesamt für Archäologie mit Landesmuseum für Vorgeschichte, Dresden

Peter Kracht Journalist, Unna

Heinrich Kühner Freilichtmuseum Römerbad, Jagsthausen

Dr. Arne Lucke M. A. Archäologisches Zentrum Hitzacker

Herbert May M. A. Wissenschaftlicher Mitarbeiter Fränkisches Freilichtmuseum, Bad Windsheim

Sabine Metzler M. A. Wissenschaftliche Mitarbeiterin Neanderthal Museum, Mettmann

Dr. Martin Müller Dienststellenleiter Archäologischer Park Xanten

Dr. Louis D. Nebelsick Referatsleiter Museum am Landesamt für Archäologie mit Landesmuseum für Vorgeschichte, Dresden

Rainer Redies Verlagsautor und Journalist, Stuttgart

Ellen Riemer Rheinisches Landesmuseum, Trier

Florian Sărățeanu-Müller Stiftung Europäischer Kulturpark Bliesbruck-Reinheim

Dr. Hans-Joachim Schalles Regionalmuseum Xanten

Dr. Stefan Schmidt-Lawrenz Römisches Freilichtmuseum, Hechingen-Stein

Isabel Sonnenschein Wikinger Museum Haithabu, Schleswig

Dieter Todtenhaupt Förderkreis Museumsdorf Düppel, Berlin

Dr. Gerhard Weber Stadtarchäologie Kempten (Allgäu)

Joanna Wojnicz M. A. Landesamt für Archäologie mit Landesmuseum für Vorgeschichte, Dresden

Dr. Bernd Zich Archäologisches Landesamt Schleswig Holstein, Schleswig

Bildnachweis

Das Titelbild zeigt Ansichten aus den Freilichtmuseen Unteruhldingen am Bodensee (oben) und Groß Raden in Mecklenburg-Vorpommern (unten). Bildgeber: Pfahlbaumuseum Unteruhldingen und Archäologisches Landesmuseum MV, Wünsdorf.

2 ISKE Mengen; 10 WLM; 11 ALM; 12 u. 13o WLM; 13u ALM; 14–19 AÖZA/R.Kelm; 20–22 U. Schild; 23 Kantonsarch. Zürich; 24o U. Schild, u M. Schaub; 25 I. Burkhalter; 26 R. Baumeister; 27o K. Banghard, u WLM/H. Zwietasch; 28 R. Baumeister; 29 K. Weiss; 30 m u. ur R. Baumeister, ul WLM/H. Zwietasch; 31 R. Obert; 32 u. 33o P. Knierriem; 33u M. Romisch; 34o D. Baatz, u R. Ph. Ziegler; 35 G. Reuß Rödermark; 36–39 Museum Bad Windsheim; 40–47 K. G. Geiger Stuttgart; 43o St. Uhl Warthausen; 48–51 D. Todtenhaupt; 49o J. Hohmuth; 52 Staatl. Konservatoramt Saarland; 53–55 Kulturpark Bliesbruck; 54ro Reinhard/Schumacher; 56–57 J. Lipták; 58 LDA/R. Hajdu; 59 LDA; 60 LDA/ R. Hajdu; 61 LDA; 62o LDA, u A. Hanke; 63o A. Hanke, ol LDA; 64 W. Gasche; 65o LfDH/ R. Klausmann, u LfDH/S. Martins; 66l A. Stobbe; 67 LfDH/U. Seitz-Gray; 68–73 Arch. LM MV; 74–75 S. Dušek; 76–77 Museum Hechingen-Stein; 78 LDA Tübingen; 79 ISKE Mengen; 80–81 LDA Tübingen; 82–87 Museum Hitzacker; 88–89 D. Morche; 89m Museum Pfalz Speyer; 90–91 Museum Schwarzenacker; 92 K. Benz; 93o Pfalz Ingelheim, u M. Schlotterbeck; 94 Museum Jagsthausen; 95 Eisenmenger; 96–99 Museum Kalkriese/C. Püschner/H. Hoppe/K. Johaentges/H. Derks; 100–103 Arch.Park Kempten; 104 F. Tauber; 105 Verein Klein Köris; 106–107 A. Thünker; 108 H. G. Horn; 109 A. Thünker; 110 H. G. Horn; 112–115 P. Kracht; 116 LfD/J. Ernst; 117 P. Kracht; 118–121 Neanderthal Museum; 122–125 Kolar; 126–127 ALSH/ L.Herrmannsen; 128–129 Museum Danevirkegaarden/N. Hardt; 130–133 Museum Oerlinghausen; 134–137 J. Lipták; 136l LfA Dresden; 138–141 BLDAM; 142–143 Keltendorf Gabreta; 143r W. Hein; 144–147 Museum Haithabu; 148–149 M. Dapper; 150–155 Rh. LM Trier/H. Thörnig/ Th. Zühmer; 151 Bischöfl. Dom- und Diözesanmuseum Trier; 156 Pfahlbaumuseum/G. Schöbel; 157 Pfahlbaumuseum/Plessing; 158l Pfahlbaumuseum, r Pfahlbaumuseum/Mayer; 159 Pfahlbaumuseum/R.Schall; 160 Pfahlbaumuseum/ Mayer; 161o Pfahlbaumuseum, u R. Mayer; 162–165 P. Hellner; 166–171 Arch. Park Xanten; 169 Zeichnung H. Stelter; 170 H. T. Gerhards

Verlag und Herausgeber danken allen Bildgebern für ihre Beiträge zu diesem Buch. Leider war es nicht in allen Fällen möglich, die Inhaber der Urheberrechte zu ermitteln. Etwaige Ansprüche können beim Verlag geltend gemacht werden.